慢慢来，

修行就是

修理自己

白云禅师 著

陕西师范大学出版总社

图书代号：SK15N0409

图书在版编目（CIP）数据

慢慢来，修行就是修理自己 /白云禅师著.—西安：陕西师范大学出版总社有限公司，2016.3
ISBN 978-7-5613-8166-3

Ⅰ.①慢…　Ⅱ.①白…　Ⅲ.①佛教－人生哲学－通俗读物　Ⅳ.①B948-49

中国版本图书馆CIP数据核字（2016）第006825号

慢慢来，修行就是修理自己
MAN MAN LAI XIU XING JIU SHI XIU LI ZI JI
白云禅师　著

策划编辑／王成林　孙国玲
责任编辑／孙国玲　陈　博
特约编辑／巩亚男
责任校对／彭　燕
文中配图／赵　曦　乐　葵　顾　蒙
封面设计／观止堂_未泯
出版发行／陕西师范大学出版总社
　　　　　（西安市长安南路199号　邮编710062）
网　　址／http://www.snupg.com
印　　刷／西安建明工贸有限责任公司
开　　本／880mm×1230mm　1/32
印　　张／7.25
插　　页／1
字　　数／130千
版　　次／2016年3月第1版
印　　次／2016年3月第1次印刷
书　　号／ISBN 978-7-5613-8166-3
定　　价／30.00元

读者购书、书店添货或发现印刷装订问题，请与本公司营销部联系、调换。
电话：（029）85307864　85303629　　传真：（029）85303879

目 录

| 禅的内心世界 |

　　非常难得能在这里演讲。从去年三月开始，我在各地所有的活动都停止了，包括上课、演讲，等等。一年多以前许下的口头承诺，让我首次来这里和大家聊天，以出家人而言，即使口头承诺亦是妄语戒。因此，我特地把一些事情提前做好安排，来这里和大家相聚。

　　今天我要从体、用、相、境的知识和概念上和各位做些简单的探讨。虽然各位手上有张大纲，但我演讲时很少用大纲，或照着大纲一条一条地讲。当然也不是随心所欲，而是以一种随缘、随时空的方式来表达知识或经验。

　　今天的主题是禅的内心世界。以人而言，是多变化的动物，那怎么去探讨人的内心世界呢？

在佛法里，如以"色身"和"法身"来分辨，依现今的语言，"色身"是指物质体，也就是由各种不同的物质组合起来的身体；"法身"是指精神层面，人所展现出来的内涵。也就是说，一个人除了具备物质的色身外，还具备精神的法身。这点必须了解，否则的话，很容易偏于色身方面的挑剔，或肯定，或否定，譬如谈地、水、火、风，或六根、六尘，都是在物质上打转。

今天把重点放在精神领域。我们第一个子题是"心为主宰"。究竟什么是心？最简单的说法：心指的是"我"，"我"是以分别来表现自我的情感作用。经典上说心有肉团心、思虑心，其实肉团心是维护物质组合的身体，或是维护色身的东西；而思虑心则是指修养，或表现精神层面内涵的"我"或"心"。

我先举个简单的例子来说明心究竟怎么为主宰。

在三国时代，曹植作了一首有名的诗："煮豆燃豆萁，豆在釜中泣。本是同根生，相煎何太急？"当我们读到这首诗时，会有怎样的直觉反应？想到亲兄弟为了名、为了皇位，不惜阋墙？事实上，在禅的领域里，不会用这种方式看问题。因为这种方式偏于人与人之间的情感，而非探讨现实问题。

从诗的意境中不难了解，人之所以称为"人"是必然的现象，但不能说是曹植的对与错，或是他哥哥的对与错。为什么？如果硬要分别对与错，那么他们就不该来到人世间。因为若没来到人世间，就没有对与错的问题了。在这里面，如何说明心为主宰呢？

我们都知道，历史上也有谦让的故事，就是把自己的权利、皇位让给另外一个人。然而这一故事并不是关于谦不谦让，而是不管思想、情感或做法，这一切根本还未发生，他只关心现实的利害以及一般人会担心、执着的问题，才会有这种残酷的事实发生。而学佛的人，如果以禅的思考、道理或方法去面对这些问题，还是自己主宰自己。

佛教的经典讲"一切唯心所造"，或说"万法唯心所现"，都是谈"心"的问题。各位今日来到这里，也是"心"的问题，只是每个人心念里存在的不同内涵引发不同的行为。它不是单一或绝对的，而是不同的人、事、时空，表现不同的情感作用。

心为主宰。千万不要把心摆在同一个地方，认为好就是好、不好就是不好，或修行一定会成道、造作一定会成业。其实道与业只是一种行为，如以人而言，行为本来就有偏差，世间的种种都是相对的，没有绝对的存在。如果把自我的心摆在自己身上，而不是把别人的心一个个拿到自己面前，这样，你的心才会被你主宰。

否则的话，就像我常说的，学佛、不学佛的人，通常眼睛看着别人、耳朵听着别人，对别人的对与错非常清楚，面对别人时，希望人家都是佛、菩萨，而自己却甘愿做个众生。

人人都是看别人好不好，却很少思考：别人若是好的，对自己怎么样？不好的，对自己又怎么样？而自己又是以什么样的身份、立场去要求别人，面对别人的好坏？即使是一位老师，也只能去引导学生，不可能说"我要求你，就能改变你"。因此"心为主宰"就是要把重点摆在自己身上。

那么心究竟是如何组成的？现在不谈肉团心，而谈思虑心。比如大家看了我的资料，知道我已八十三岁了。有百分之九十九的人会想：不可能吧！当你产生这种意念的时候，有没有想过意念的产生来自于心的架构？

心的架构，在佛法里是指色、受、想、行、识，也就是"五蕴"。通常会说，"五蕴"指的是心，心起变化产生作用，即五蕴起变化产生作用。当你从资料上看到，这和尚八十三岁了，这信息马上进入你的意识里，意识完成之后，会产生一个反应，此即色蕴。

色蕴的完成，来自色尘、法尘、色法，而后形成色蕴。因此要了解，色蕴不是单纯的物质所完成的，而是从物质上展现出来的精神层面。当你们看到资料，再看到我这个人，里面就包含我刚刚所说的色尘、法尘、色法，以及相应于自我而形成的心念，才会有信、不信、可能、不可能，才能在刹那之间完成你的感受。

从文字上所知的，到面对人所产生的反应与感受，感受之后，在刹那之间，马上产生思想，而后会有表现，这种表现就是行为。可见，心念所起之时，刹那间就完成五蕴了，只是我们平常没有用这种方式去探讨心是怎么组合起来的。

佛法谈这些问题时，是有条理的，不是谈一个概念，也不是谈一个印象。当然有些人会认为，谈这些似乎与禅没有关系。其实，对心有所认识，而后涉入禅的问题时，就会比较好把握，否则会想到别的地方。

现在请大家思考一下，我的名字叫白云，人面对云的时候，是喜欢白的，还是黑的？我想第一反应必然是白的，所以我叫白云。如果我叫黑云或乌云呢？

以禅的思想来看，某些时刻，白云比黑云好，但在某些时刻，黑云又比白云好。究竟是白云好，还是黑云好呢？那得在不同的时空中去发现、认识、了解。如果一定要说哪个好，就像刚刚说曹植的问题一样：究竟是哥哥好，还是弟弟好？兄弟俩到底谁对谁错？可能各位会想，谈这些跟禅又有什么关系？

禅，简单地说是"净静的思考"——第一个"净"是清净的"净"或净土的"净"，第二个"静"是冷静的"静"或静坐的"静"。"净静的思考"，并不是以自我的意识去思考。为什么呢？净表示炉火纯青，是把不好的排除，只保留好的，因此不好的，已不在这范围之内。

佛法处处讲清净，以莲花而言，它究竟清净还是不清净？莲花本身是很清净的，可是莲花的根茎如果离开了污泥，会怎么样呢？再往污泥里看莲藕，莲藕完全埋在污泥里，可是它的内心世界却是干干净净的。这中间你可以发现好、不好、清净、不清净，究竟如何分辨？怎样论断？所以，人与人之间，不管是人的问题、事的问题，总在对错、好坏、是非等相对的前提下过日子。

譬如讲是非，莲花或莲藕以其本身而言，谁是谁非？如果谈相互之间的利害关系，没有莲藕哪来的莲花？可是如果没有莲花、莲蓬结上莲子，哪来的莲藕？如果只执着于表相——污泥、莲花、莲子、莲藕，如此而已，跟我们的人生与生活，又有什么关系？莲子在中药里是凉补的东西，是好的，可是莲子中间的莲心是苦的，是不好的，但同样也可以做药、治病。

人往往只注重表面，在物质上打转，而禅是要我们不为物所转。然而，怎样进入物的世界，探讨物的精神层面与精神内涵？禅宗里有句话叫"青山不碍白云飞"，想想看，白云与青山之间有什么关系？我们知道青山是屹立不动的，白云是随风飘荡的，为何我们会说青山不碍白云飞呢？这只不过是写景而已！如果看到的只是青山、白云，最多还感觉到有风，也不过是物质层面。它的精神表现是什么呢？自由自在、洒脱无碍。

如果不能把握这些重点，如同刚刚所讲的，是白云好，还是黑云好呢？如果是黑云好，满天都是黑云，连山也看不见了。眼睛看到的黑云，真的是黑的吗？云没有黑的，可是，为什么我们见到的是乌云密布？其实白云并没变，只是它的浓度受大气层的影响，呈现出另一种现象而已。但是，人就是要在黑的、白的上面去分别，如此而已。

最近常常在街上看到卖小吃的小摊贩，手推车挂了一个小牌子，叫"黑白切"，也就是说爱怎么吃，就怎么切，这是很自在的事。可是我们看一个人，老爱乱讲话，就说他"黑白讲"（闽南语），究竟是白讲还是黑讲呢？他们只是在声色上打转，也就是在物质层面上打转。跟各位讲这些，只是佛法的一些道理而已！

我现在提出一个问题，大家要花些时间思考。过去有位禅师，他说过这样一句话："人从桥上过，桥流水不流。"大家注意，是人从桥上面经过，桥在流动，水并没有流动。会不会觉得他是神经病？但是不要忘了，我们在介绍禅的内心世界，这个主题要把握好。

过去在千佛山菩提寺举行的禅修营上，我也提到过这两句话，让参与的人好好思考：究竟是人流，桥流，还是水流？各位如果把自己融入这画面里，是否能产生桥流水不流的境界？

再举个例子，大家不妨思考一下。现在满空间都是无限电波，可是各位有没有看见？如果用科学仪器，或许很容易就可以展现出来，可是以人的能力，根据道理、理论可以说出来的，却无法展现出来。换个角度说，"人在空间坐，电波在流动。"你说电波有没有在流？或说，"人在流，电波未流。"你说对不对？这些都是可以思考的问题。我讲这些，究竟跟"我"有什么关系？

禅讲现实的利益，它不是玄学，而是要与生死有关，要能帮助我们求得解脱。否则的话，就像日本铃木大拙的禅——花道、茶道、武士道，那些跟我们的生死有什么关系？能帮我们求得解脱吗？

再匟到刚才的两句话——人在桥上过，桥流水不流。从这中间，再以另外一个子题"心的变化与作用"来看，那是谁在变化？自己。有什么作用？自我分别的作用。如果一定要问：究竟是桥流，还是水流？你是否能肯定地告诉我？我告诉你：桥不流、水不流，是你人在流。为什么？桥也好，水也罢，你不接触它，与你何干？

人世间，多少人想移民、想出走，多少人担忧，又有多少人抗议、愤恨……想想自己的一颗心，究竟参与的是什么？

因为你没有从桥上过，所以讲桥流、水不流你无法接受，也就是说这事情，我们去挑剔、分别，只不过是现实中的一些现象。社会治安的问题，除了刘xx、彭xx，以及白xx的事之外，难道就没有别的了吗？可是，很多人却把这三人的事情认为是重大案子，其他都只是小问题，真是情何以堪！他们的生命是生命，别人的就不是生命吗？你的心摆在哪里？

下面讲另一个子题——"色尘缘境是诱因"。回顾一下刚刚所讲的，都是色尘缘境所引发的自我意识。因此，可以肯定，外面的色尘缘境经过你的接收、接触之后，产生意念，产生自我分别的变化与作用。通常我们谈到禅，总是祖师西来意、佛法大意，或者谁是我的本来面目，或父母未生前我的本来面目。这些究竟在说什么？

像曹植的诗，如果你书读得不多，对其很难理解，须经过老师的分析、教导，而后有些概念。如果再经过现实人生道上，慢慢地去体会，过些时日，你的境界就会有所改变。由此可知，人的成长、智慧、知识、经验，都是这样形成的。

但是，有些人只要一谈到禅，就认为两腿一盘、两眼一闪、做个观想，最后就能像宋七力一样发光、分身。许多人问我："老师父，你有没有发过光？会不会分身？"其实每个人都会。天台宗的教理讲的"一念三千"就是一个法身、分身，只是我们把它摆在物相上，好像一个人可以变成两个人、三个人的那种分身。如果宋七力真有这种能力，即使被监禁，也可以到外面弘法利生。因为他有分身术啊！

再举个例子，大家就会接受我所说的话了。在六神通里有神足通，大家对神足通作何解释？有人说是指脚可以离开地面在空中飞行，那是大错特错的。所谓神足通的"足"字，不是脚，而是具足的意思，也就是满足的"足"。

譬如讲皈依佛两足尊，是不是释迦牟尼佛那双脚真的那么尊贵？不是的，而是因为皈依、亲近释迦牟尼佛可以得到具足福慧双修的机会。因此，神足通的足，是讲天道的众生，以他的福德因缘，在天道享受乐的果报，这些果报来自于他过去世的福德因缘。也就是说，学佛的人如果修到这种程度，最起码恶业要轻微，善业要丰富，具足像天一样的福德因缘，虽然现在是人，可是本身已经通达了这样的境界，这叫作神足通。

如果不能把握经典的内容，会变成怪物。如果说修到有神通，人就可以在空中飞行了，那么各位坐飞机不也在飞行吗？可能你会说，是因为飞行器的关系，但是再讲句较难听的话，扁毛畜生都会飞，难道说天上飞的鸟都有神通吗？

所以，佛法中的名词，依于自我产生的变化作用必须要有道德修养、知识、经验作支撑。如果只把佛法摆在玄妙、稀奇古怪的领域中，那"佛"字就要改写了。"佛"是觉悟的意思，如果学佛，不去学如何突破现实而觉悟，那是在追求迷惑。有很多学佛的人，把自己的理想摆在遥远的未来，把现实的生活放在一边，在现实生活中一旦出现问题，就采取诸如烧香、拜佛、忏悔、做功德等一连串的处理方式，哪一样不是物质层面的行为？其精神内涵在哪里？

禅，刚刚讲过是"净静的思考"，有的人不能把握，可能会说："你是位老禅师，所讲的还不是教理？"没有教，哪来的禅！禅只不过是佛法中的一种而已。

近几年来，纵观台湾佛教界，无论是强调修净土、发展人间净土还是喇嘛、仁波切所教的密法或禅，不管学什么，都像一阵风——禅风、密风，来了、走了，走了、来了，究竟在做些什么？

这些学佛的人，只不过在随波逐流罢了。为什么这么说？因为他从来没有面对过自己，更没有探讨过自己的内心世界，往往只是凑热闹或求功德而已。大家再看后面的子题——"心与禅要相契相应才是佛法"，这不用我解释，大家都有概念。

平常我上课一般都是介绍佛教的道理与方法。如果到各地去演讲，都会先讲些佛法的概念，然后跟大家一起讨论问题。这几十年来在任何场合，单独的也好，群体的也罢，许多人都希望自己的问题能够得到解决，所以探讨问题，往往比较实际一点。

今天虽然说是谈禅的专题演讲，也提出一些大纲，但是我只和大家聊聊天，不算是纯粹的专题演讲。各位不妨用这个观念来做结论：当面对别人或一些事情，你是当事人的时候，你跟人、事究竟有什么关系？想知道些什么？想得到些什么？又想要些什么？这几十分钟跟各位谈的问题，听起来似乎很凌乱，好像没什么内涵，但是只要经过思考，就会达到净静思考的境界。这需要时间慢慢地培养。

现在，我不想和各位谈禅的公案、参话头，分析公案及如何进入禅的世界。在禅宗里有这样的说法，"平常心即是道"，也就是平常在现实生活中，凡起心动念都能发现处处都是禅，只是你有没有净静地思考？有，你就能得到好处；没有，即当面错过。

从基本的理论上看，道从业里显现出来，菩提从烦恼中显现出来，而烦恼、业都是世间人切身的问题，这里面怎样去展现道和菩提？那就是学佛，否则的话，你一天到晚烧香、拜佛、念经、念咒、打坐、参禅、念佛，昼夜六时，精进不断，再勤快，到头来还只是个担心害怕的人，一点也不自在、不洒脱。

现在我们把剩余的时间用来探讨问题，再次声明，我并不是天上知道一半、地上全知道的人，我们只是彼此来研究问题、探讨问题，但不要将问题局限于刚刚所讲的，凡有关学佛或自己的成长中的疑问，都可以一起研讨。

以下是问题回响。

问：请教老师父，关于佛教里的"禅戒相彰"和"非禅不智、非智不禅"，可不可以请老师父进一步说明禅与戒、禅与开智慧的关系？

答：一般人很少说"禅与戒"，大部分人会说"禅净双修"。要谈禅与戒，必须要先了解，不管是在家还是出家、学不学佛，都要守戒、庄严戒。但不要把戒当成是在家的优婆塞、优婆夷戒，或出家沙弥、沙弥尼、比丘、比丘尼戒。

"戒"，最简单的解释是不造成侵犯，也就是说，当你面对人或事，不造成侵犯与伤害。所以，戒是基础学，不只跟禅有关系，跟什么都有关。即使不学佛的人，也要遵守政府制定的很多法律规章，而学佛有佛教的"法律规章"。如果用这种方式去看，就知道什么是戒，就能了解"禅与戒"。

戒是基础学，如同盖房子，要准备各式各样的材料，还要把地基打好，要打多深，关乎盖几层楼。戒律上有句话——戒是解脱本——想求得解脱，必须要有戒。不学佛的人，也在求解脱，为什么？犯法就要坐牢，不犯法自然就自在，佛法也是如此。

所谓犯法及佛教的戒，都是在谈不要侵犯别人，不要伤害别人，但并不是叫你躲在家里。你是人，在人群中生活，难免有侵犯或伤害的问题发生，这就需要法律规章来约束我们。因此，不要把禅、法放在一起来看。至于你说的那句话，我很陌生，因为禅是不以这种方式看问题的。

问：有句话叫"由定生慧"，可是现代人非常忙碌，常常在外面跑来跑去，不太有时间对"定"下功夫。刚刚老师父说要"净静地思考"，很多时候，我执很重，只想到自己，没有时间思考，很快下决断而行动。请问老师父，身为忙碌的现代人，若想要修行，在"定"方面下功夫，该从何处着手？

答：先把"定"跟各位解释一下，定并非像庙里的土地公，入定了，一切不动。佛法若以禅而言，讲究的是外静内动，外在是静态的，内在是动态的。不定的本身，不外是在现实生活中，人与事打交道时，

想想自己的一颗心，
究竟参与的是什么？

慌了手脚，乱了方寸。

　　"定"最简单的意思是"不乱"，如果能做到不乱，就具备了"定"的功夫。至于怎么去着手，告诉你一个比较呆板的方法，行忍波罗蜜，如此可达到"定"的境界。可是行忍波罗蜜还必须要配合其他五个波罗蜜，来维护忍波罗蜜，如此六波罗蜜才能具足。否则专修某个波罗蜜，不可能达到修养，这六者互为因果，彼此因缘的关系是融通的，少一个都不可以。若以《大般若经》来讲，有十波罗蜜、九十波罗蜜，甚至还有无量波罗蜜。

　　这里还要说明的是，刚刚说"戒"是不犯的意思，"定"是不乱，"慧"是不痴。"痴"并不是愚蠢，而是痴迷，佛法不会把众生当成愚类。我们常说贪、嗔、痴，而不是说贪、嗔、愚，可见人在无明里会痴迷。如果把人归纳为愚笨的的话，释迦牟尼佛的分别心未免太重了。

　　在现实环境中，人往往会沉不住气、会乱。因此，需要学习佛法，从佛法中学习一些道理、方法，慢慢帮助自己、调理自己。另外，我再解释什么叫修行。

修行是修养身、口、意，它是指身体、语言、思想意念的行为。这行为往往很容易产生偏差，以自我意识去表现，因此才须要去调理、修养。

怎么修养？可以达到什么境界？如果以声闻乘来讲，最初的二十七贤位，而后到三向一果，都有其层次。即使是菩萨十地位，也有其层次，从初地到四地是变化位，五地到七地是提升位，八地到十地是增上位，都有其层次。所以，不可以说学佛或学禅一开悟就成佛了，这是大妄语。

记得多年前，有位自认学禅且境界很高的人，他师父说他已经开悟了。传统上，一旦开悟，必须找另外一位禅师来印证他是不是真正的开悟。于是他跑来找我，谈了一下。

他问我，他是不是开悟了。

我拿了刀片给他，跟他说："你在手腕大动脉上划一刀，流出来的是牛奶，你就开悟了。"

他一直跟我争辩说，不可能的，讲了一大堆。

我告诉他："你自己已经告诉自己答案了，还要问我吗？"

想想看，血液如果能变成牛奶，不成怪物了吗？开悟是什么样？小悟是什么样？大悟又是什么样？赵州从谂禅师，大悟三次、小悟无数，到了八十多岁还在外面行脚。因此，不要用这种方式去看修行，修养是慢慢来的，不是一蹴而就的。

目前问题出在哪里？许多学佛的人得不到好处，为什么？他们否定现实、追求出世，这是根本原因。

只要在娑婆世界就离不开人群、离不开世间，除非不再受轮回、受生死，出离三界六道，才是出离。否则的话，即使是位乘愿再来的菩萨，此时还是娑婆世界的众生，如果否定了众生，就不需要乘愿再来了，如何着手？还是要看个人，我无法给你一个确定的答案。

问：请问老师父，所谓"不思善，不思恶"，我们如果照字义的表面去理解，是什么都不要去想。请问这和"净静的思考"有什么关联呢？

答：讲到这里，我想到六祖惠能大师。当惠明在江西大庾岭抢衣钵时，菩提心显现出来，他告诉惠能大师，自己不是为衣钵而来，而是为法而来，希望惠能大师帮助他。于是惠能大师告诉他："你静下心来，什么别的都不要想，这时候再想一想，你是谁？"我们晓得《坛经》里所记载的资料，惠明法师因"不思善，不思恶，如何是你本来面目"而开悟了。

再念一遍："不思善，不思恶，如何是你本来面目？"大家开悟了吗？从这里可以发现，你刚刚所提的问题——善、恶是业，离开业你该怎么办？可是人又不可能离开业。因为人是带着业来到这世界的，怎么可能离开业？当然不可能，你面对的不是善业，就是恶业，怎么可以否定它？

多少学佛的人，总认为业是不好的，这是很大的错误。恶业是不好，但善业还是好的，为什么把业全归之于恶，而否定它的善呢？常有人问我："师父，我常常情绪不稳定，很容易生气、生病，是不是因为我的业障太重？"

于是我问他："照你这么说，业都是恶的，没有善业？"

他说："我不知道。"

我问他："你不生气的时候，是什么样呢？不生病的时候，是什么样呢？你过得安安稳稳的时候，又是什么样呢？"如果自己尽在制造烦恼，在烦恼中过日子，那你的意念一定是混乱的。

当一个人妄想、杂念太多的时候，不妨让自己静下来，正如惠能大师告诉慧明的："先静下来，然后不思善、不思恶。"为什么？因为他原为抢衣钵而来。这告诉我们什么？你只是在善恶里打转，或否定善与恶，那么你究竟是谁？你在做什么？

佛法告诉我们：要面对现实，不是逃避现实，想逃都逃不掉，想要否定也不可能。就像一个人晚上睡觉失眠，拼命摇头告诉自己："不要想了，赶快睡觉。"结果呢？甚至有人数羊，每五十只画一圈，画到最后没地方画了，为什么？天亮了。这就是人，人本来就是如此。因此，才需用佛法去修养、调适自己。

谈戒、定、慧，甚至八万四千法门，哪一样不是告诉我们从身、口、意去着手，慢慢去修养？其实不只佛法有修养，世间法里都有修养，不同的是，世间法不管再怎么美好，还是有缺失，因为它离不开六道轮回，还是在三界里打转。

佛法就不是了，它讲究的是圆满的圆，而这个圆是整体的圆，不是平面的圆，是毫无缺失的，也就是零缺点，是究竟解脱，不受生死，出离六道，不在三界里面轮回。如果知道这个道理，就不会逃避、否定现实了。只要面对现实，从现实中慢慢去认识、了解，必然会发现什么是佛法。

我常讲，佛法不是武器，现实不是敌人，不是叫你拿着武器去打敌人，那是很累的事。比如精进波罗蜜是针对懈怠、放逸，但并不是让你拿精进对付放逸懈怠，不是讲对治，是说你正在修养身、口、意，这时候如果产生懈怠、放逸，精进波罗蜜提醒你不要忘了道的精进，是这个意思。绝不是在你懈怠、放逸时，就拿精进来对付，佛法不是这么修养的。

问：请教老师父，目前学校教育不太重视身心方面的调养，导致学生无法养成净静思考的习惯，变得盲动、躁动、妄动，不知老师父对这样的现象有什么建议？另外，我们亲近善知识，对初学者而言，如何判断自己所亲近的善知识，是不是一位有修养的名师？

答：有关第一个问题，非常难，关系到一些法规的问题，即使是教育部长也没有办法。如果谈我希望、我想怎么样，结果还是那个"我"，不可能会怎么样，我只能这么告诉你。

至于第二个问题，不要把善知识摆在高僧大德或名声大或大师上。什么是善知识？凡是好的知识就是善知识。任何人都有他的长处，每个人都有他不同的修养，你要亲近他，就不要把他的善放在一边，而去分别他的不善，否则，你永远找不到善知识。

"三人行必有我师"，可见到处都有善知识，但不要把善知识衡量为他出家多久、头衔如何、著作多少，或者他有什么神通，不要用这种方式去看，任何法师都有他的长处。如果亲近每位法师，都能吸收每位法师的长处，你就超过所有的法师了。用这种心态、方法去接触他们，是最可信的。不要去比较、挑剔，比如善财童子的五十三参都是善知识。

问：请教老师父，佛法不是教我们要积极吗？但是有时会产生误会，比方以忍波罗蜜而言，对大众造成不良影响的事情，有些人觉得忍一忍就好了，但我个人认为，如果抱着容忍的态度，面对不好的现象，或世间认为是恶的事情，公德心就无法好好地展现出来。请老师父慈悲开示。

答：忍波罗蜜的"忍"字，在翻译上会加上"辱"字，侮辱的辱，叫忍辱波罗蜜。如果有人侮辱你，就要忍，这不是忍波罗蜜的说法。波罗蜜是一种方法，而忍波罗蜜是说忍的方法，既然是方法就要有目的、结果。

佛法的忍是忍而化之，化解的"化"。你为什么要忍？一定有问题，把问题化解掉，就能达到忍的目的。如果只是一味压制自己，就像爆竹的火药，压得越紧，爆炸的力量就越大。如果用这种方式去忍，比不忍还糟糕，总有一天会爆发，就像我们常说的"我跟你讲，一个人的忍耐是有限度的"。

佛法的忍不谈限度，不是告诉你怎么压制自己，而是告诉你为什么要忍。是因为有了问题，如果能够化解问题，就做到忍了。当你面对问题，如果沉不住气，不去思考怎么化解问题，那就没有行忍的机会，最多豁出去："好！算我怕你，我走。"这不叫忍，最多只是一种修养。总之，忍波罗蜜是化解问题的一种方法，希望大家能把握。

我们常谈佛法、名相、经文，但很少去把握"法"，如果你从事佛法的修养，不去探讨"法"在哪里，不去探索这跟我有什么关系，能解决问题吗，是不行的。真正学佛，是学觉悟，佛是觉悟的意思。觉有层次，从一些感受、体会、发现，做到缺失越来越少，最后达到圆满的境界，那就是修养，也就是道的结果，用这种方式去修行办道比较可信。

在这里提醒各位，人来到这个世界，有太多的框框，一个个套在头上，不得自在。佛法讲解脱，但不是一下子就讲生死解脱，而是把现实中点点滴滴的束缚、枷锁，一个个解开来，慢慢化解，那才是求得解脱，而不是把解脱一下子摆在最后究竟的境界，这需要一步步慢慢来的。

我常说修行办道就像吃饭，吃饭人人都会吃，吃快吃慢、吃好吃坏也有关系，可是真正的问题在哪里？当你吃了饭菜之后，有没有吸收足够的营养？吃下去之后，能不能消化？吃饭都这么难，何况修行办道。

释迦牟尼佛成道，从太子身的时候，他的父亲请了二十几位家庭教师，教他世间法；当他出家，到各地参访善知识，又学习了多少，而后在雪山苦行那么久，最后只是有所感悟，还不是究竟，我们就说他成道了。

因此，许多人晚上到户外打坐，等待启明星的来临而开悟，是一样的错误！释迦牟尼佛经历那么久，才有成就道业的机会，现代人成道好像非常快，只要头发一剃、衣服一换，或皈依三宝，几乎就是佛菩萨了，还有多少人自认为是再来人、现在佛，这些人真了不起！比释迦牟尼佛还能干。

问：刚刚听了老师父有关禅的介绍，还有各位大德所提出来的问题，老师父的开示令末学受益无穷。末学对禅并不了解，现在末学仅就布施波罗蜜，请老师父开示。我们了解布施波罗蜜，分为法布施、财布施、无畏布施三类，以一位在家护法居士而言，只能做到财布施。

布施有大有小，每个人发心不一样，却常常造成一种现象——许多朋友都会询问，为何法师开那么好的汽车？宾士一辆三百多万元台币，到底这样算不算修行呢？还有很多类似的问题。对末学来说，不会造成困扰，因为每个人布施的时候，所发的心不同而已。可是尚未学佛的人，却会有所误解。因此请老师父开示，身为一个在家居士，在财供养方面，要抱着什么样的态度？阿弥陀佛。

答：我们先要了解，布施只有两种，没有三种。一种是资生施，是资养生命的，是物质的；另外一种是法施，是精神的。

至于无畏施，并不是不顾一切，什么都不怕，甚至连命都不要了，它是具足、连续不断的，甚至是永恒的。因为，在布施时，布施者往往会由于产生畏惧，或对功德的认知不足而产生问题。因此，就有无畏施的说法。无畏施是针对财施、法施，或者资生施、法施这两方面来说的。

我们晓得四事供养指的是吃的、穿的和出家人的坐具或卧具，在静止或休息时需要的东西，另一个是医药，这里面不会有汽车。真正的布施供养或财施是指供养维护出家人的色身，即吃、穿、卧具用物、医药四大供养。

但是，有些人会以佛陀的境界来说问题，比如无相布施、三轮体空，如果要布施就不要执着。甚至有这种话，"真布施不怕假和尚"。其实这不是布施的精神，布是普及性，施是给予，普及性没有分别、亲疏、大小，现在说句不好听的话——大和尚都有供养，那小和尚呢？可以吃饱、穿暖。大家有没有见过小和尚开宾士的？我想没有。

为什么会造成这种问题？认为供养这些长老、大师级的，他们有修行，就能得到福报、功德，难道小和尚就没有修养吗？再说大和尚也是从小和尚慢慢修来的！说不定他只是年纪大，或者出家久而已，不一定比小和尚有修养。所以谈财施，要以资生两字去看，就不会发生这些偏差。至于在家的，不只限于财施，同样也有法施。以法而言，包含了很多的事与理，法概括了事物、道理，因为事物而说出它的道理来，因为道理而表现问题之所在，展现出事物的精神。

我讲法施，不是指出家人的法施，而是给予的

"施"。只要是将自己的专长、技艺、知识、经验传授给别人，就是法施，不一定是指出家人的法施。像讲经、说法，"经"，释迦牟尼佛都说完了，我们没有再讲的余地，只能说把经典里的法表现出来，介绍给别人。出家人可说是如来家业的专业工作者，也可说是专业从业人员。如以职业来分的话，许多人把出家人归在出世这一类，把在家分在世间这一类，但有没有想过，出家也是从在家而来？

所以，佛法的道理、方法，因为人为的因素，造成许多的偏差，比如，以布施的多寡来说功德的大小。佛陀在世时有一则小故事。有天大家供养佛陀，各式各样的珍奇宝物、饮食等皆有，最后供养的人都走了，只剩下一位小女孩，跪在佛陀面前不走，佛陀说："大家都走了，你怎么还不走？"小女孩说："我也想供养佛陀，可是我没有钱，也没有什么本事。"佛陀问："你想怎样供养我呢？"她说自己花了三天时间，在海边捡了七颗毫无瑕疵的白色小石头，献给佛陀。为此佛陀讲了一段布施功德的道理。

由此可以发现，布施供养在乎一份心，任何会造成伤害的布施供养，都不是布施。因为所做的布施可能超过了自己的能力。比如一个家庭，一家五口，男主人赚钱，如果一个月赚十万元台币，每个人都有分得两万元的权利，如果男主人说钱是我赚的，他们怎么有权利？不要忘了这家人彼此的关系，太太和儿子当然拥有权利，要不然，将来怎么谈遗产的问题？

在这种情况下，假如个人想拿五千元行布施供养，最好开家庭会议，讨论这五千元要做什么用。因为每位家庭成员都有两万元的权利，每位要拿一千元出来，大家都能欢喜做，这样才是圆满的功德。如有一人反对，只能拿四千元；两人反对，只能三千；如果四人反对，只能拿一千。这是讲布施的精神与功德。

所以不要以勉强或误解的方式看布施波罗蜜，施是给予，这种给予不一定是要指定什么样的对象，即使做慈善事业也是布施，对父母则是供养，不要把它看得太偏了。

总之，一切唯心所造，在于人怎么去主宰、面对、认识、了解。能有所发现，才是学佛，才能觉悟，否则最多只是个佛教徒，不是学佛的人。

做个佛教徒很容易，皈依三宝就可以了，如能够守五戒，那就不得了，但还只是个佛教徒，不是学佛的人。真正学佛的人，是要学道理、方法，培养自己的智慧，化解自己的无明，排除自己的障碍，从中显现自己的菩提种子，最后获得圆满的结果，这才说得上是在学佛。

　　　　　　　　　　1997 年，逢甲大学
　　　　　　　　　　佛学与人生学研讨会

起心动念皆是禅。

| 好好开拓自己 |

　　今天所讲的，如果说不是佛法，那也不一定对，为什么？因为佛法要求人们从现实的生活发现问题，再从问题中去发现佛法，可见佛法不是另外的东西。所以我今天并不用佛教的专有名词、经文等来跟大家谈问题，今天的主题是"好好开拓自己"。

　　"开拓"这两个字，我们知道，开是开发、拓是拓展。如果以现代商业管理学来看这标题，"自己"就是产品。我们知道，一样产品从设计到开发，需要很长的时间才能完成，而且也必须在一定时间、空间里面，不断去提升。再者，东西摆在商店里，要有人来买，这就涉及拓展的问题。可能大家听了会说，为什么把"自己"当成"产品"呢？！

所谓"天生我材必有用"，其实"我材"就是产品，问题在于是不是能把你的才能表现出来。在未表现之前，你有没有刻意地去培养自己的才能？开发，不一定说已经拥有多少才能。我们知道，人人都有不同的根机或潜能，如果不能把你的潜能发挥出来，即使你的样子长得像佛教里所讲的三十二相、八十种好，那也没有用。所以，样子长得怎么样，不是问题，毕竟人需要的是内涵，这就需要我们"好好开拓自己"。

每个人都有潜能，这种潜能不一定是天生的，而是从小到大，从家庭到学校、社会慢慢地培养起来的。不管你是在民营单位还是国营单位，从事什么样的工作，每个人都有必备的专长、专业，这些专长、专业也是从小慢慢培养而成的。所以说开拓自己，还是要从培养上去着手。

譬如，目前失业的人口比例太高，可是我们发现，有很多的行业，必须具备某些专业、专长，这类的人才可能还不够用。我们也知道最近很多学者、专家提出来，现在的失业不是问题，那你为什么失业？这才是问题。

所以我们通常面对问题，只是去找个答案，绝不会说，很冷静地去面对问题、分析问题。就像走在街上，莫名其妙被人捅一刀，自认为没有惹人家，为什么要捅我一刀？就归咎于别人。可是，当治安单位抓到行凶的人，问他："为什么你要捅他一刀？"行凶的人说："为什么他要斜着眼睛，用鄙视的眼光看我？"你看，我们的眼睛往往都往外看，可是在佛法里，除了往外看，还要往内看。

往内、往外，看的是什么？外，是看别人的"我"；内，是要反过来看自己的"我"。因此任何问题的发生，绝不是以自我意识去认定。很多的事，亲眼看到、亲耳听到，所反映出来的都只是自我意识。这些自我意识有感性和理性的差别而已。

我们晓得，自我意识往往忽略了别人的"我"，只把自己的"我"摆在眼前，我们常会说："为什么？"甚至于现在很多歌曲，都在喊"为什么"。很多人在生气的时候，也在喊"为什么"。

一个人问的"为什么"如果只是以自我为出发点，

真的是浪费时间。如把这个"为什么"换个环境，改变它的内涵，像科学家、发明家或思想家、政治家、教育家，把"为什么"摆在客观事实上，我想他的价值、成就，以及对人的利益就完全不同了。

同样一个"为什么"，如果把"我"放在前面，那只是把自己的缺点完完整整显现出来，告诉别人。如摆在人人所看到的各种专业、事物上，就会大不一样了。

"我为了什么？"看起来是很平常的问题，像在一个家庭里，丈夫在外面忙碌、赚钱，只要有点不如意，回到家里，发现一点点不顺心，马上就冒出一句话："我为了什么？"当然，男主人有权利说"为了什么"。可是他忘了，女主人也在外面工作、赚钱，她也有权利说"为了什么"。说出这句话的人，很少考虑到，你有权利说，别人同样也有权利。如果能够懂得，除了自己的"我"，还有别人的"我"，那么"好好开拓自己"，"好好"两个字，就建立起来了。

当然，开拓需要时间、空间。过去我常在外面演讲，时常会听到有人说："那和尚在说什么？有什么好听的，不都是些迷信吗？"这种看问题的态度不是谁对、谁错，而是把"我"摆在自己的立场。如果把"我"摆在学习、读的心态，去面对环境，这个"我"就不会太过于感性或理性了。如此，你将会去调和它，使自我意识慢慢淡化，会更加冷静、客观。佛教所谈的，也是后面那个"我"。

所谓佛法，绝不是放在庙里的那部《大藏经》，因为那部《大藏经》只是一大堆印刷品，跟《四库全书》差不多。如果不去看它、认识它、理解它的内容，对你没有一点好处。事实上，人在任何时刻，所讲的话、做的事，对的也好、错的也罢，都离不开这些。

中国的佛教，所表现的佛法，已融合了中国儒家的思想，也迎合我们的民族性、文化背景，可以说，中国的佛教是属于中国的，而不是印度的。可是，佛教来自于印度，印度本土的一些色彩往往也会随着加入佛教的内容，可以说佛教变了、乱了，它并不是多元化，而是乱。

两千多年以前的印度，可说是贫穷、落后、肮脏的，以佛教而言，释迦牟尼佛谈佛法，谈的是清净、庄严，就是针对这些贫穷、落后、肮脏来说的。依于印度环境所形成的佛教，到达中国以后，有两个支流：一个分布在比较贫穷、落后的地方，另一个分布在中原地带、比较富裕的地方。因为佛法的本身是针对人的"我"而说法，依于人的"我"所处环境、教育、文化、经济种种的关系，所表现出来的，就完全不同。

我们现在看台湾的宗教形态，不管道教、佛教、民间信仰都是依赖神、佛祖，有什么事，就去求神、求佛祖；做错了，就向神或佛祖忏悔。最后变成，"我"反而愈来愈迷惑了。为什么？这就是我刚刚所说的，是时代背景、环境，以及此地的历史、文化等所造成的。

以佛教而言，如果在座有很多学佛的佛教徒，我可以说，你们很少修养自己，很少照顾自己的身、口、意，也就是你的身体行为、言语行为、思想行为。你们几乎都在参加诵经、礼忏、做法会、布施、供养，其实那不是修行。

我们中有两类人——佛教徒和学佛的人。当然，学佛的人也是佛教徒，可是佛教徒不一定是学佛的人。

在这里讲句不该讲的话，念阿弥陀佛到西方极乐世界，大家有没有想过，去西方极乐世界做什么？虽然，经典上讲极乐世界的众生，像吃饭，想一想就有了，穿衣服，想一想就有了，甚至想用鲜花供佛，都有天女散花，连花都不需要买。在极乐世界只有乐，没有苦。但是，大家有没有思考过，那是什么样的日子？如果你真的去了，究竟在那里做什么？佛法的本身，强调现实生活中的我，要怎么样活在现实的环境中，而且要活得很好。我们常听到"解脱""自在"，那是什么？就是活得很好，那究竟怎么样才叫活得很好呢？

以一般人而言，不做亏心事、坏事，就心安理得了。可是你有没有想过，什么叫坏事？什么叫亏心事？如果以善、恶来看，什么是善？什么是恶？今天天底下所有的人都是善，那会是什么样的世界？如果都是恶，又会是个什么样的世界？事实上，以人而言，以上所说的情况是不可能的，因为每个人的"我"所处的环境，接受的教育（家庭教育、学校教育、社会教育），以及自修所下的功夫、汲取的知识、经验都不一样，所形成的智慧也就千差万别。

我们晓得，人有善恶、美丑，事情有好坏，道理有对错，还涉及是非。我们总是在相对的中间去分别人、认识人，如果不知道如何去面对现实，去认识问题、了解问题、发现问题的话，那永远只是个自我而已，而且会愈来愈强烈，所表现出的往往都是伤害、缺失。

所以，佛法中谈修行，很多人都以为是念佛号、持咒语、念经、拜忏或打坐，认为这些方法就是修行，这完全错了。释迦牟尼佛在经典上谈的修行，是针对我们身体的行为、言语的行为、思想意念的行为而说的。

刚说过每个人都不一样，都有些不理想的地方，才会提到要修行，就是修正我们身体的行为、言语的行为、思想意念的行为。佛法或者佛教，不可以说修个什么法门就叫修行，佛法之所以有法门，主要目的是在你自己还不能做主时，暂时告诉你有个方法可以依赖，这样至少你不会做坏事、不会犯错，如此而已。

在没有行持这些法门时，绝大多数的时间里，我们活在现实生活中，必然会跟人与事打交道，如你不用那些方法来调解自己，身体的行为、言语的行为、思想意念的行为就可能会有缺失，会造成伤害。所以，佛法的重点是告诉你，在行为上的修养才叫修行，不是那些方法本身。

佛教有八万四千法门，这些都是只在自己不能自主或唯恐做错事、造成伤害时所依赖的东西而已，如以现代心理学而言，也就是一种心理目标的转移。只是单单照那样去做，你不可能成佛、成菩萨，唯有从身、口、意的行为去着手，让犯错的机会愈来愈少，伤害别人的机会也会愈来愈少，甚至可做到不仅自己没有缺失，还可以帮助更多的人得到利益。事实上，不只佛教谈这些，在中国儒家思想里，同样也谈这些，只是各家各派所表现的有所差别而已。

佛法的本身，就是在世间的相对法里，去认识、了解、突破它。认识、了解、突破什么？先对自己的"我"着手。这些年我常对很多学佛的人讲这么一句不好听的话：很多人学了一点点东西，就在修理别人，而不是修行自己。我们常看到有些懂得一点点佛教的人，看到对方有某些不好或错误，就说："你看，你学佛，还这个样子！"讲的是别人的"我"，可是有没有想过，当你看到、听到别人的"我"有些问题时，有没有反过来，看看自己的"我"有没有同样的问题？

所以，我常说学佛要透彻些，别动不动就修理别人。其实，我认为这还算不错，为什么？他还知道什么是对，什么是错。最悲哀的是，有些学佛的人，面对其他学佛的人时，希望他们都是佛菩萨，不能有任何缺点，自己却心甘情愿做个凡夫众生。你要求别人，希望别人好，希望他是佛、是菩萨，那自己又是什么呢？

学佛的主体是自己，不是别人。以前有些家庭里的子女，要跟我出家，其父母会反对，甚至有的父母到寺院来对我说，他的儿子或者女儿，做人都做不好，还想作佛？不要以为他这句话说错了，他说得很对，为什么？人都做不好，怎么能作佛、作菩萨？

做人，至少我们还有些公允的尺度，可依于那些范畴去做。可是作佛、作菩萨，不容许有自我。因此，谈这个主题，"好好开拓自己"，就是在"我"上去培养。此种培养，是从身体的行为、言语的行为、思想意念的行为上去着手。以做人而言，人人都以为很了解自己，其实，人最不了解的人是自己。为什么？

我们常看别人看得很清楚，轮到自己就犯迷糊了，比如有两人在争吵，如果你是第三者，很容易发现谁有理、谁没理。我曾说，不管是学佛还是不学佛，为人要明辨是非，不要参与是非，明辨是非是一种修养，参与是非是出卖自己。为什么这么说？

别人在谈是论非，已辩得不可开交，你和争吵的两人，本来没有关系，你却插上一脚，跟人家评理、去做"老大"，最后那两人可能反过来对付你一个。为什么？他们本来争论的是"是非"，你参与的也是"是非"，你还是在"是非"的圈子里。然而，如果你去明辨是非，就可以从这些辩论中学习。所以，明辨是非是学习，参与是非是出卖自己。

以佛法而言，没有什么"是非"。天底下以自我而言，只有一个"是"，没有"非"。即使有的时候你认错，并不表示承认你"非"，同样还是以"是"作为你的理由。我们看两个人争论是非的时候，都说对方"非"，自己"是"，那表示在每个人的"我"里面没有"非"，只有"是"。只是每个人都强调自己是"是"，别人是"非"，这才有了是非的分别。如果你是第三者，从这上面去认识、了解，的确能学到很多。如果你参与，那是出卖自己。

可是，人往往很喜欢出卖自己。我常跟亲近我的人说："当你认为别人所显现的是缺点，不要以为那刚好是你的优点。"此话怎讲？因为当你看到别人表现出的是缺点时，就已经认为自己的是优点了，为什么？好像他有这个缺点，自己没有。因此学习、修行中的人，当发现别人的缺点时，千万不要表现自己的优点；当发现别人的优点，要好好检讨自己的缺点。

所谓"开拓自己"，绝不是人云亦云、被别人牵着鼻子走，而是要去开发、拓展。所以，我们常常会讲，某人说或谁说，可能我比较叛逆，即使说是佛说的，我也想知道：佛是什么时候说的？在什么地方说的？有什么证据证明是他说的？

以"读"的心态，
而非以"教"的心态，
去面对人、事。

　　再者，我们看论文，不管是博士论文还是其他论文，一定要引用很多的参考书。似乎你参考的书越多，表示你的论文越好。现在全世界的论文，好像餐馆里面的大拼盘，怎么说？既然是论文，应该是从自己所学的科系里，把所拥有的、认识的、得到的一份心得表现出来，才能叫论文。可是，全世界几乎都是用前面所说的方式写论文，怕去开拓自己。有没有想过，写书的人如果也引用某些人的文章、论点，他还是像切了各式各样的菜食，把它摆成大拼盘。如果要真正探讨某人说的，你理解多少？我们常以自己的意识、智慧去诠释别人所说。也因为这样，人往往很容易借此机会，表现自己的聪明，而不是智慧。

　　最后，这种聪明表现得太久、太多，可能反被聪明误。为什么？因为通过所看到、所听到慢慢收集到的资料，其实都是别人的，你认识了多少？吸收了多少？你到底能不能知道他真正在说什么？如果不能，那就都是人云亦云，就等于你被别人牵着鼻子走。如果我们还能举出"某人"说什么，还比较容易去探讨问题之所在。然而，最大的问题是："大家"都这么说，这是最悲哀的事。

大家都这么说，"大家"的比例是多少？有家世界知名的民意调查机构，看到他们自己发表的数字，他们自己的内心都在笑，为什么？就是因为刚刚说的"我"。每个人的"我"，表现有真有假，你究竟选择哪个我？自己在不同的时间、空间里，甚至同一个时间、空间里，所表现的自我都那么复杂，怎么能够定论他说的就是这一种？！

可能大家会说，照你这么说，什么都没有用。就像一个国家，它的法律、法规只是一些约束而已，究竟能做什么？要是真那么有效，监狱里也不会有那么多的人了，问题出在哪里？因为这些人，是看"别人的我"，不会把"自己的我"融合到"别人的我"。"人、我"的分析，在佛法里面是非常微细的。经典上常有些形容词，像"无量无边、百千万亿"，说的是什么？是说它的数目非常非常大、非常微细。可是我们通常是以概念去看，即使有分析之学，此种分析也可能只是以自我为前提。再不然，是以某些学者、专家的自我作为重点。比如，很多学财经的人买股票反而赔得惨。不要以为学财经的就会做生意、买股票，看那些股票分析师，都发财了吗？是有很多人发财，为什么？他用自己的方法、手段操作股票，而使自己得到利益，他并不是根据真正的资讯做分析。其实买股票被套牢、赔了，怪谁？要怪证券交易税太高吗？要不然就是怪政府出买拉盘，怪来怪去都是别人。如果你在股票上得到了利益，有没有人说，我很感谢政府、我很感谢谁？没有。问题在哪里？只是个自我而已，而且是没有经过修行的自我，不是依于感性，就是理性的自我在表现，如此而已。

人的世界，关系到人的问题，还是要用人的方法去面对、去化解，不可以用佛法的方式。例如：佛法里面谈"忍"，所谓"忍波罗蜜"，就是忍的方法。

佛法所说的"忍"，不是佛教徒所说的"忍"。佛教徒所说的"忍"，是压迫自己、勉强自己；佛法所说的"忍"，是叫你去面对问题、认识问题、了解问题，最后化解问题。忍，目的是化解，当你面对问题的时候，先以忍的方法，在修行上面有多少本钱，先表现出来。也就是说修行，你的境界愈高，修养愈高，你所表现的忍就越有力量，化解问题就愈快，修养不够，化解问题就慢。

如果你不了解行忍的大前提是化解问题的话，那么你只是在勉强自己、抑制自己。最后变成什么？忍无可忍。后果是什么？所以，同样是佛法，如果不了解"法"的真义、宗旨以及利益之所在，搞错了方向，或照着字面意思去理解，最后都不是佛法，甚至还会对佛教产生反感。

举个例子，假使自己平常的运气很好，一直都过得很顺当，比较不会去思考，可能会糊里糊涂地过一辈子；如果运气不好，什么都不顺，就会怨天尤人，或常生病，甚至遭遇车祸意外，那你会说什么？一辈子没做过伤害别人的事，也没做过昧良心的事，为什么这些不好都降临在我身上？甚至还会说：那些做尽坏事的人，反而过得很好。都是用这种埋怨的方式去面对问题，那你的问题究竟在哪里？

你从来没有去开拓自己，只是把自己摆在"我就是这个样"的位置。有没有想过：从你生下来，从婴儿到幼儿，那时候的"我"，是什么样？慢慢成长，从儿童到少年，那时候的"我"，又是什么样？慢慢到青少年，那时候，又是什么样？等到进入中年，甚至老年，那时候约"我"，又是什么样？绝不是同一个"我"，虽然目我的本体是相同的，可是经过调理、修养，知识、经验形成的智慧，不一样了！

有很多的家庭，常对子女做出错误的判断，像孩子在上初中二年级或三年级，高一、高二这种年龄，很多家长会跟我说："我这孩子小时候很乖、很听话，可是现在完全变了。"问我是不是要"诵经、拜忏、做功德"。我说句大不敬的话，佛教的生意很好，就是体现在这些地方。可是，很多跟我讲这些话的人，并不是没有受过教育，有的还受过高等教育，问题出在哪里？对不同时期、不同年龄层的"我"的认识不够。

譬如，年龄不同，自外所接收的资讯、吸收的知识、经验、形成的智慧也都不一样，小的时候叫他来就来，给他什么就吃什么，给他穿什么就穿，叫他怎么做就怎么做。我们晓得，在台湾亚热带的环境里，人比较容易早熟，中学二年级以上的男孩、女孩在生理上慢慢由未成熟转变为成熟，在生理、心理上，他

（她）所吸收的资讯都在发生改变。所以，很多专家说，初二到高二的年龄，是个叛逆的年龄。事实上，不是叛逆，在此时，他（她）的空间里，整个的内涵都变了，如果老是把他（她）摆在小时候很乖、很听话的阶段，只有洋娃娃才会如此，人是不可能这样的。

佛法谈"我"，绝不是规范在一个范围或一个层级，因为一个人的"我"时时刻刻都会起变化，其所产生的作用也就不同。如果说家长在为儿女烦恼，最简单的方式是，回过来想一想自己是怎么走过来的，你就会知道，在这个年龄层的儿女，他们需要的是什么。因为做父母的，本身所形成的智慧，跟不同年龄层儿女的智慧，是不可以相提并论的。

譬如说，画画比赛。有幼稚园学生、小学生、中学生画的画，有初中生、高中生，甚至大学生或专业人员画出来的画，可不可以用相同的标准去评论这些画？我们一定会分幼儿组、中小学组、大专组，或成人组、社会组，以组别来分别作评论。做父亲、母亲的看到小儿女拿着蜡笔或签字笔在纸上乱涂鸦，根本不知道他在涂什么，会不会骂他？不会的，你会称赞他，为什么？因为你此时以相同的智慧、立场去看待小孩。人之所以会出那么多的问题，在于只把"我"摆在自我的某个时间、空间，或形成某种智慧的境界里。也正因为这样，人才会有那么多的问题。所以，我们活在世间，喜怒哀乐以及好恶，这些并没有错，这种分别也是很自然的。但如果你只认为这是很自然的，本来就是这样，你就这样过日子，对自我从来没有去开发，也没有去拓展，如此的话，别人升官肯定比你升得快、书卖得比你好、钱赚得也比你多。我们常用忌妒或自卑的方式去看别人，这是不正确的，因为再羡慕嫉妒恨，那也是人家的。你自己是什么？我们常知道的"我"，经常使用的"我"，从来不去修养，怎么会有机会开发？怎么会有机会去推销自己？

我们看现在的求职市场，叫你填履历表，假使你认为自己会什么就填什么，而不去注意对方的需求，结果会如何？像我开创的广播公司招考一些人才，也有很多人说得头头是道，经历也很多，可是一上班，问题就来了，因为他并不知道征求人才的单位需要的是什么，他自己本身具备了多少。最近电视上常有这种新闻：过去当过大老板的，因经营不善，开计程车或卖小吃，经过了各式各样的改变，可是他还是活得很好，甚至收入比以前还好。那些找不到事情做的，大都是些高不成、低不就的，再不然就说，我过去拿多少薪水，我过去……都是这种态度。那你自然就没有机会跟别人一样，找到一个可以维持正常生活的工作了。

其实，不偷、不抢，正正当当做生意，没有什么好与不好。哪怕你是在清洁队扫马路，也不要以为那是下贱的工作。要知道，你想去扫马路，还要考虑能不能够跟他们一样那么早起床。但是，通常我们只以自己认定的方式去思考，所以会造成很多问题，这是因为没有自我修养。要晓得开发自我，是修养而来的，人的任何长处都是经过修养而来。

记得过去有位佛教徒，他从事贸易，开头赚了一点钱，因愈做愈大，最后周转不灵，没有多久就垮了，他什么都卖了，只留了一部自己开的宾士车不卖，留下宾士车做什么？还是要养家糊口。最后，他把宾士车喷上黄漆，申请计程车的执照，一样可以过日子。

这说明什么？如果只是怨天尤人，那还要不要过日子？可见自我开发并没有高低，拓展也没有范围，天生我材必有用，你的"材"在哪里，就可以做多少。我们常说量力而为，不要好高骛远，这都是老生常谈，但现实也的确如此。在这里讲句大家都熟悉的话：人活着，千万不要"人比人"。

所以，对自我而言，第一，千万不要把自己定位在某一个位置上面；第二，一定要知道时代在变，你要能跟着变，不是变坏，而是要跟得上时代。不是去享受、挥霍，你要能适应当时的环境，而且在这环境中，让自己过得顺顺当当、安安乐乐，也就是说认识自己、了解自己，然后把自己推销出去。我刚说过，人的问题要用人的方法解决，千万不要用佛的方法去解决人的问题。譬如，佛法讲要慈悲、喜舍，要为别人着想。在此，我不是说那个不对，但毕竟我们还是人，除非你已经是佛菩萨了，否则要用人的方法去解决人的问题。最后我再强调，认识自己最好的方法：当我们发现别人的缺点，不要以为那就是你的优点，如果能把握这点，你那个"我"时时刻刻都在修养，时时刻刻都在调整。也就是说，我们要以"读"的心态，去面对人、面对事，那么"我"就会愈来愈好。如果都用"教"的心态去面对别人，最后你被"榨干"了，人家还得不到好处。

我毕竟年纪大了，今天晚上的表现还算不错。我从八十三岁开始起，喉咙长茧，经常咳嗽，所以不公开演讲，在我们的寺院里面，我也几乎不上课，当然还是没有办法不讲话，每天还是要讲很多的话。譬如有很多人问我：今晚要讲些什么？我说我也不知道要讲些什么，只能说把平常我在跟很多的人相处时以及在一些现实生活现象中所发现的那个"我"的问题，在这里跟大家做个介绍，如此而已。最后，谢谢各位。

| 谈 心 |

　　今天要和各位谈"心"。首先我先做两个提示，一个是经典上说的"一切万法唯心所造"，另一个是"心、佛、众生，三位一体"。从这两个提示，就可以知道我要讲些什么，以及为什么要取这个题目。因为人与人之间最快乐的事，就是谈心。

　　如果一定要用佛教的经典、论典，或经典、论典里面的名相来谈佛法，而不去了解佛法在现实生活中究竟跟我有什么关系，是得不到好处的，因为佛法是对人说的。如果要对下三道的众生说佛法，那是不可能的，为什么？因为他们不会思考、吸收、消化。而人可以去思考、认识、了解，往往从一言半语，就可明白意思。

佛教里的禅宗，动不动就讲"悟"，其实发现、体会、感受些什么，那就是悟，不要把悟看得这么神秘。我们常常动不动就说"开悟了"，其实开悟并没有什么了不起，重要的是你的境界到什么程度。所以，学佛不要老是被一些名相、法句或经文、偈语所左右，我们本来很清楚、很冷静，因为看不懂，反而会变得更迷糊。

前面讲到"唯心所造"，"心、佛、众生，三位一体"，这是标准的佛教语言。但是我不用这种方式跟大家谈问题，今晚不讲经也不说法，而是谈心。我们一开始说，佛法是对人说的，说些什么？跟人有什么关系？为什么要学它？真能解决问题吗？这才是最要紧的。以佛教而言，不管是诵经、礼忏还是做功德，都可以解决某些问题，但那是依赖。释迦牟尼佛在世，创立了佛陀教派，几千年来，留下那么多的道理、方法，主要的目的，不是教我们去依赖。然而大家几乎都通过依赖的方式成为一位佛教徒。

人活在世上，总会跟人与事打交道，在这些过程中，免不了会有问题发生。很多的问题，不是一般人可以化解的。最让人难过的是，人有时会明知问题的所在，却不敢怎么样，从而造成无可奈何的结果。所以，释迦牟尼佛留下这么多的道理、方法，并不是叫我们以依赖的方式去信佛。

在现今这世界上，一部分人信仰佛教，崇拜释迦牟尼佛，只是用持名、礼拜、供养的方式一味地依赖。因此我常说，现在很多人都崇拜释迦牟尼佛，崇拜什么呢？不是他的智慧，而是他可以保佑我，让我消灾、解厄，迷信的，甚至认为还可以发财。

不要把释迦牟尼佛当成怪物，他具足圆满智慧，可以化解我们人解决不了的任何问题，但如果我们只因这些去依赖他的话，充其量只是一位佛教徒，即使到达人生终点，也只能在那里"喊佛"，为什么？因为我们自己做不了主。

我常说，学佛是学佛陀的智慧。佛陀的智慧究竟是什么？如果说得夸大一点，三藏十二部、八千多卷的经典，就是他的智慧。可是有个问题，那么多的经典，从何下手？等到看完了经典，可能什么也没得到，对现实的人生，会造成更不好的后果。这话怎么说？

因为，你要花很多时间钻研经典，可是现实生活中，还要不要过日子？要过日子，你就必须要赚钱，要有收入。很多学佛的人，尤其是在家居士，"不务正业"。可能大家听了这话，会认为我说得未免过分，然而，我讲的"不务正业"，是说把学佛当成职业，把工作当成副业。在家学佛应该利用空余的时间，人家吃喝玩乐时，你去学佛。

为什么释迦牟尼佛当初要建立出家僧团？因为佛陀所留下的道理、方法实在太多了，而出家人不工作，是以受供养来维持他的生命，出家人本身继承佛陀的遗命，发扬他的道理、方法，把智慧转变为出家人本身所拥有的修养，再介绍给更多的人，这才是一个正当的看法。

我刚才提到的是个大前提，即信佛、学佛不是依赖。可是刚开始我们要依赖，就像小孩刚开始必须依赖他的爸爸妈妈一样，一旦长大了，要能够独立自主。学佛也是如此，绝不可以一味地依赖，到达了某个阶段，自己一定要敢得了主。凭什么做主？必须要学释迦牟尼佛的智慧。

还有一个问题，释迦牟尼佛的智慧在哪里？三藏十二部、八千多卷经典，即使出家之后完全地投入，没有十年、二十年的时间钻研、修持的话，对释迦牟尼佛可能不会很熟悉。在这种情况下，我们就发现为什么要有出家人，出家人的天职就是如此。而在家不需要花那么多时间，你只要在依赖的过程中去认识自己——自己喜欢什么？所具备的条件适不适合？如果你喜欢，条件也很适合，你就可以一门深入。绝不可以像水上的波浪，一波一波地随波逐浪，耗费了很多时间，最后还是不知道自己在做什么，更谈不上自己做主了。因此，大家从这个大前提下可以明白，为什么今晚我要跟各位"谈心"了。

首先，我们了解，"心"在佛法里指的是五蕴。然而，"心"是什么？我们的眼睛会看、耳朵会听、嘴巴会讲，每天接触人或事，哪怕是在家里、上班的地方或整个社会、整个国家甚至整个世界，都有机会接触，但并不是一步步地去接触那个环境。

现在的媒体很发达，以网络来讲，只要能知道利用网站的方法，在这个世界，你想找哪个国家，它们的特色，或想知道些什么，都能很容易找到。刚刚讲的"接触"，不是叫你人走到某个地方去。现今的社会，秀才不出门，能知天下事。在这里告诉各位，我很少出门，看报纸字又太小、看电视眼睛受不了，但在网络上，可以得到很多资讯。

不是说人跟得上还是跟不上这个时代，而是说你在那个地方过日子，你所需要的资讯是陌生的还是熟悉的。这里面可以发现一个问题：看到了、听到了，必然会有感受，这种感受，可以说是你内在自我的感受，至于这种感受是理性的还是感性的，并不在感受的范围之内。

所以，感受只是一种力量，它要经过思考以后才会表现出来，此时表现的就是你的自我意识。表现之后，会确定些什么、认识些什么，如此，大家就知道五蕴是什么了。你的眼睛、耳朵接触到的，那是色蕴；

色蕴形成，反应到你的自我，就会有感受，那是受蕴。然后引发你的思想，接着就会有行为表现，最后确定了一个结果，就是我们人的心。

"心"从接触外面，反应到自我，这一过程往往在刹那之间。这在于一个人本身的修养，或其具备智慧的高下。有的人有经验，看到马上就可以反应出来；如果没有这些知识、经验，即使看到了，你还得想一想，自己本身有没有这种知识、经验，然后反应出来，你将会发现，是那个"我"表现的时刻。因此，心如果不生起作用，"我"就不会显现。

我们晓得心要生起作用，必须有力量，这种力量是由外到内产生的，也是我们的情识作用，其实就是自我意识，是自我内在拥有的、熟悉的，想一想才知道的，或根本陌生的。在这过程中，时间不是很慢，为什么？熟悉的即是一刹那展现的，想一想，时间也不是很久。所谓一刹那，并没有时间限制，是几秒、几分或几个小时，它不是以时间来计算的，只是快一点、慢一点而已。

可是，人往往因自我意识，不顾理性客观，主观表现出来后，就会造成很多的问题。谈一切唯心所造，其实是个概念，为什么？如果是强烈的主观意识，一切唯心所造，我认为就是如此，那也没错，可是它的结果如何？是伤害还是得利？是彼此都有利益还是伤害别人或伤害自己？结果就大不相同了。所以，一切唯心所造，不是一个主观的自我意识。如果一定要讲，只能说你对佛法很陌生，对释迦牟尼佛很陌生。

　　人与事发生问题，都是"我"的分别，人往往知道自己有一个"我"，可是忘了别人也有一个"我"。譬如对于一个小家庭的小孩，父母能体会些什么？像小孩念书，考试的成绩不错，父母都会鼓励他、奖赏他。可是一旦他的成绩退步，父母就会改变态度，以斥责的自我意识责备小孩。如果这小孩具备了智慧，他一辈子不会挨骂。当然这是不可能的事。

　　我常举一个例子，告诉家长，当你给小孩子零用钱，或是他临时要求，需要一些钱，你也欢喜地答应给他，给过之后千万不要再讲话！给了，如果一定要讲话，就告诉他走路小心点。可是往往做父母亲的总是喜欢说："钱我给你了！不要乱花哟！这个不可以买！那不可以吃！"想想看，你给他钱，真正的权利，已经在小孩子手上，你还跟他交代那么多这个不可以，那个不可以，有没有想过，小孩拿了钱也不欢喜了。

再比如，在联考制度还没有废掉之前，每遇到联考，小孩子留在家里念书，如果父母对他的儿女很了解，这小孩不单单没有压力，还可能考得很好。但即使小孩本身具备的条件够，可是他表现得好像满不在乎，如果父母不了解他，一天到晚盯得很紧，即使条件够，也考得不好。

我遇到过这种事例：有个家庭，做父母的，因为小时候环境不好，希望自己的儿女都有出息，他们的大儿子所承受的精神压力非常大，为什么？父母亲开口就说："你是老大，要做弟弟妹妹的好榜样。"这句话听起来很平常，可是大儿子始终感觉喘不过气来，刚好赶着要大专联考，他当然要很用功地准备联考，一定要考上，才对得起他的爸爸、妈妈，才可以做弟弟妹妹的好榜样。

可是中间发生了问题。他的母亲来找我，她说："师父，怎么办？他是老大，马上联考了，我每次看到他，但不是打开冰箱吃点心、喝饮料，就在那里蹦蹦跳跳，也不念书，我愈讲，他愈不听话。"

那天，她把儿子带来，我请小孩的妈妈到外面去等，我单独跟小孩聊聊。小孩子开头看到我很紧张，问他话几乎都不讲，为什么？因为在小孩的心目中，妈妈信佛教，对师父这么尊敬，小孩就把师父当成太上皇。花了好几分钟的时间问他，但看情况不对，我就不跟他谈念书的问题了。

于是，我请他吃糖，问他喝什么饮料，像招待小朋友一样。防御的防护罩打开了，我们边吃边聊，我就用比较混淆的方式探询。

我问他："家里的冰箱有多大？你看老师父这冰箱这么小，还是环保冰箱咧！"

小孩说："我们家的冰箱比你的大多了。"

我说："那一定放了很多吃的啰！"

小孩说："是啊。"

我说："你什么时候会去开冰箱吃东西？"

小孩说："当然是书读了一段时间，感觉累了，才吃一点东西、喝点饮料。"这就是答案。

我说："你每天在房间里读书，偶尔出来，从冰箱里拿点东西吃，你还做什么？不累吗？"

小孩说："会啊！我会出来运动，会蹦蹦、会跳跳！"这是第二个答案。

他的妈妈不知道答案，我叫他把妈妈请进来。

我说："你冤枉你的孩子了。"

我把情况告诉她，这位妈妈走出会客室，居然抱着她儿子哭了，说："儿子啊！很对不起，妈妈冤枉你了！"

这是什么意思？我刚刚讲，人的心，依于外面看到、听到的，就以自己的感受、自己的想法、自己的判断去做结论。我常举的例子是，当你被人家毁谤的时候，会不会生气？会不会难过？有没有不生气、不难过的？

话又说回来，这是个概念，还得看毁谤你的对象跟你有什么关系。我们知道毁谤绝对不是事实，要不然你就不会生气，不会难过了，那就不是毁谤了。如果不是事实，对方跟你交情很好，感情不错，你并不认为他是毁谤，大不了推他一下说："不要开玩笑。"

如果是没有交情的人，或本来两人就不欢喜，那肯定是毁谤。同样是毁谤，为什么对象不同，感受就不同？这就是佛法所讲的分别心。

人会分别，而且分别得很细。话又说回来，如果有谁说，我从来不起分别，我没有分别心，甚至自认为学佛的修养很高，我认为你是妄语者，为什么？刚刚我讲这么久的时间，几乎都在分别之下说问题、说人、说事，对不对？哪里有不分别的？我们常说不要起分别心，没那么容易，人本来就是如此，否则的话，就不叫人。

人有两种现象：一是麻木不仁，一是做佛菩萨。只要是人，都离不开这些分别、计较、执着。

换句话说，如果没有分别、计较、执着，那就不是人了。道理在哪里？很简单，我举个例子，释迦牟尼佛在世的时候，当时有位社会地位非常高的外道人士，问释迦牟尼佛："你是佛，我请问你，如何对待女人？请提出你的看法。"

释迦牟尼佛说："年长的，我把她当母亲；年纪差不多的，把她当姊妹；年纪小的，把她当女儿。"

他说："为什么讲得这么啰唆？这些不都是你亲近的人吗？为什么不用最简单的方式告诉我，把她们当成最亲近的人？"

释迦牟尼佛反过来问他："你认为母亲、姊妹、女儿是不是都是最亲近的人呢？"

他说："是啊！"

佛说："你还忘了一位更亲近的人——你的太太。"问的人一下没有反应过来。

他说："此话怎讲？"

佛说："我是告诉你，不可以把天下的女性都当成最亲密的人，也就是不可以当成你的太太。"

释迦牟尼佛的智慧是什么？这里面还不是有分别、计较、执着？那是不是智慧的表现？其实佛教里面强调，佛法不离世间法，是说佛法就在你的身边，佛就在你的心里。虽然听起来叫人摸不着头绪，但如果你的自我意识经常做些调理，你将会发现，佛讲的虽然不是很高的境界、很高的修养，可是你反而可以得到更多的好处。

经常有人问我："老师父，你学佛这么多年，到今天为止，是用什么方法、什么态度学佛的？" 我只有一个字——"读"，读书的读，就像不要小看幼稚园的小孩，你在他身上可以读到东西。各式各样的人，不同的年龄层、不同的性别、不同的种族，他们身上都可以读到很多的东西。但我们人有个缺点——不喜欢读，喜欢教，动不动就教人家怎么做，自己倾囊相授，反过来得到什么？

我讲的不是物质上的报酬。即使做老师也要教学兼长。我不是谦虚，其实在我的内心世界，人生的一个法宝，就是"读"。然而，如果你的内心不是学生的心态的话，口头的读没有用。为什么？唯有思想上的读，才能够收集更多的知识、经验。

我们晓得，智慧的成就，来自于知识和经验，累积得愈多，智慧愈高；知识、经验愈贫乏，当然你的智慧就愈低。你想想，是不是唯有"读"才能够汇集更多？所以古人说：不要好为人师。因为太过于偏好做人家的老师，你会忽略别人很多的优点。因为心的动力，来自于现实生活中的色尘缘境，这会引发你去感受、去想、去决定，最后得到结果。

为什么说处处都有佛法？为什么说佛在心里？这"佛"字，我跟各位诠释一下。不要一提到佛就把它当成是佛龛里的泥塑木雕，那不是佛，只是个雕刻品、艺术品。佛是什么？最简单的说法，他是一位圆满的觉悟者。以智慧而言，他的智慧已经到达微妙的境界，也就是具备了微妙境界的智慧，达到圆满觉悟的结果。

可能大家会问我：为什么寺院、佛堂要供这些艺术品、雕塑品？其实，我们拜的不是表相，是他的精神。如果你只崇拜雕塑品、艺术品，那是依赖他，好像他能给你什么。其实，释迦牟尼佛也有不能的地方，譬如说他不能够改变人的业，不能帮助你成佛、成菩萨。简单地说，他不能改变你的业，也不能帮助你成道。要清净业，一定要受报；要成道，一定要修行。如果只是依赖，这些问题是不可能解决的。

我们常常把自己当成佛教徒，而不是学佛的人，这是很大的错误。做个佛教徒很容易，皈依三宝就可以成为佛弟子。你是不是学佛的人？也就是说有没有在修行？我们不是常说，学佛要修行办道吗？可是修行，修什么啊？办道，办什么道？尤其是修行，很多人学个法门、学个宗派，或专门念经、拜经，认为那就是修行，我告诉各位，那不是修行。

禅门中有个公案。有一位禅师在看经，另一位跑过来说："你是位禅师，为什么还看经？"禅师回答："我不是在看经，是在遮眼。"

拿经遮住他的眼睛，大家联想到什么？因为用眼睛去看，就会产生分别、计较、执着，尽看人家不对的地方，尽看人家的短处。把眼遮住，想想自己，就是我们所讲的返照。

我常说很多人听了不欢喜的话：你怎么学佛？你现在怎么做、怎么学？很多人听了真的不欢喜。我说：你不是在学佛，是在浪费时间。学佛的目的，是要学佛陀的道理、方法，学他的智慧。打开始我就讲：人有很多的问题，甚至无可奈何。为什么？没有办法，就是智慧不够。

大家看过千佛山杂志，每期的封面有信佛、学佛、成佛。如果信佛不学佛，就没有机会成佛。信佛、学佛，怎么云学？就是修行。修行谈什么？修正我们的行为。什么行为？身体的行为、言语的行为、意念的行为，因为这三个行为常会出错。怎么修正？我们去调整它，原来不好的，使它变好；原来好的，使它更好，这才叫修行，修正我们的身、口、意行为。

可是大家不这么讲，人有贪、嗔、痴，我们学佛就是要学戒、定、慧，可以消除贪、嗔、痴。听起来好像这些名相是佛教、佛法里面有的。事实上，我常说，把戒、定、慧当武器，把贪、嗔、痴当敌人，拿武器去消灭敌人，可能吗？

修行也是修理，修理自己不好的，使它变好，错的改过来，是对付自己。可是现在佛教界常有这种现象，有些人懂得一点佛教的东西，就去修理别人。我想很多人看过、听过诸如此类的事，比方对待某位佛教徒，只要看他有一点点不如法，或者有一点点跟世俗人一样，就会说："你看你学佛，还这个样。"

学佛不是讲戒律和修定吗？想想看，戒、定、慧从哪里来？释迦牟尼佛会给你吗？不可能。戒、定、慧是要自己去学习、修养的。因为我们身体的行为、言语的行为、意念的行为会出错，所以，需要释迦牟尼佛所说的戒、定、慧，依这些道理和方法调整自己、修正自己，使自己的行为愈来愈好。为什么要这样？好了又怎么样呢？至少你不会造业。人家常问我，成佛了又怎么样呢？我说：成佛了了不得！有什么了不得呢？我说：以他的智慧，没有问题是化解不了的。因此，他绝不会有任何的无明烦恼，是清清楚楚、明明白白的。

最近社会常有这种口头禅："你要说清楚、讲明白。"可见讲话的人，本身是不清楚、不明白的。那叫什么？糊涂。要别人讲清楚，要别人说明白，自己为什么不清楚？为什么不明白？以一个学佛者而言，要用这种"为什么"的态度面对人、面对事，因为我刚刚说修行是修理自己，修理自己的缺失，绝不是去修理别人。所以，我们讲学佛要从心性上着手。

我们常常谈心性，就会讲到明心见性。什么是明心？明自本心。什么是见性？明自本性。那等于没有讲。"本"是什么？明心，明自心是什么？就是我刚刚说的自己的身体行为、言语行为、意念行为，你能不能发现？有没有出错？有没有偏差？有没有主观意识？有没有太过于感性？或者太过于理性？有没有这些问题的存在？如果你及时发现，马上去调整，那就是修行。

可是修行要修到什么程度？修到不会出错，于心，你明了，那就是明心。绝不是一般所讲的明自本心，我本来就有佛性，因为，"性"就是谈佛性，心就是谈我，我本来就有佛性，所以，很多人认为他自己就是佛，其实做个真正具备道德良心、堂堂正正的人，都不一定做得很好。但是，经典上说，众生皆有佛性，心即是佛，不就是明心见性了吗？问题是明了什么心？见到什么性？

我们最大的毛病就是动不动就探讨过去世，还信那一套，完完整整地接受。再不然，问问未来，他就告诉你未来，可是不跟你谈现在。很多人的确很聪明，为什么？谈现在，你有问题，我没办法；谈过去，反正你不知道；谈未来，你也搞不清楚。因此，谈现在，你有问题，该怎么办？要像佛陀一样，至少我们是学佛的人，知道佛陀有很多的道理、方法，而且通过实际的修行、体验，虽然不具备佛陀的智慧，至少我们从他的智慧中得到了很多。

信佛不学佛，无以成佛。

各位在家看电视，有八九十个频道，你们计算一下，看相算命、讲命盘、讲灵异事件、讲鬼的，胡说八道的愈来愈多，而且节目广告卖得很好，为什么？我在这里说句自责的话：因为佛法不够普及，但佛教却很热闹。可是我们要了解，佛教虽热闹，你有没有从中发现它的饶益性？有没有得到利乐？对生与死的问题有没有帮助？对现实生活有没有帮助？如果没有，那不叫学佛，即使你信佛，也只是位佛弟子而已。

另外，佛法最高的境界是随缘。如果学佛的人不随缘，一定会觉得不自在，因为只有随缘才能自在。可能大家会讲，随缘是不是随波逐流？不是的。随缘是什么？恶缘不受污染，善缘不起分别。

当然，随缘就要有结缘的机会，结缘讲究结善缘，千万不要结恶缘。结善缘最好的办法是，讲话的时候，少讲一句，如果你勇往直前的话，不妨停下来。可是千万不要往后退，因为往后退，就没有结缘的机会了！多讲一句，这个缘会跑掉。

我们究竟怎么着手，才能真正结善缘？并不是叫你主动找人，说某某，我跟你结善缘，不是这种意思。

前面讲到随缘，随缘就有机会结缘。

一般谈的结缘太狭隘，不够广泛，说得比较不好听，我们结缘往往出于自私。其实缘的层面很广，学佛的人千万记住。结缘不是去勉强别人，因为勉强别人就变成了攀缘。前面说随缘，有缘就可以结缘，一旦结了缘，还要惜缘。

把上面说的运用在现实生活中，需要戒、定、慧三学，最简单的解释是——

戒：不犯，即不伤害别人，也不伤害自己。

定：当把握不住自己情绪的时候，能够慢慢沉下去。但不是叫你勉强压制，这需要时间的沉淀。

慧：当身体的行为、言语的行为、意念行为表现的时候，千万不要自作聪明，以为天下人都是傻瓜。因为，聪明往往反被聪明误，那不是智慧。也就是说身、口、意的行为，一定要及时面对自己、把握自己，不要表现出愚痴的行为。

谈戒、定、慧，我举个例子，大家就很容易把握。比如，自己真心想帮助别人，在发现别人错误的时刻，你认为是错，可是对方并不一定这么认为，这是自我意识表现的时刻，千万不要用自己的方式去告诉对方。

因为，用自己的方式很可能引发别人的不欢喜。为什么？譬如说"我是一番好意，说的是实话，都是为你好"，这叫自己的方式。有没有想过"忠言逆耳"这个成语？其实忠言并不逆耳，而是听的时刻，忠言变成孙悟空的紧箍咒真言了！一念就叫人受不了，为什么？很简单，你是用自己的方式，最容易造成伤害，不要以为那是一份善心、菩萨心，表现出来可能什么都不是。为什么？你讲出来的话没有错，可是听的人，感受你的语气、文字的内容，是在教训他，他怎么受得了？他会欢喜吗？

佛法中有"爱语摄"，爱语是什么？爱语就是善巧、方便、柔顺的语言，这些言语表达很柔顺。我们常自以为是为别人好，如别人不能接受，就会说"好心被雷亲"，再不然就是"狗咬吕洞宾"等言词。其实，有句话——"将心比心，就是佛心"，为什么这么说？当别人用同样的言语、同样的问题跟你讲时，你会有什么感受？同样会受不了。因此，我们常说："你为我好，我知道，难道就不能好好地讲吗？"

为什么需要戒、定、慧？为什么戒贪、嗔、痴？不是拿戒、定、慧去打贪、嗔、痴，而是要学戒、定、慧，自己具备了这些条件，然后化解贪、嗔、痴，不是拿武器打敌人，不是拿戒、定、慧去打贪、嗔、痴。

如果家庭常发生问题，在于"心"没有调理好。小孩还不懂事时，好乖、好听话，什么都好，慢慢长大了，好像有点变了，到了中学二年级左右，"这孩子简直不像我生的"。在座的都知道，那是叛逆期，生理的变化期。每个人都是过来人，为什么不能够去理解？

人有两个生理期的转变：一是由少年变为成年人的生理期，一是中年进入老年的更年期。在这两个时期，很多人连自己都不知道为什么要这么讲，为什么要这么做。在座的都懂得这些道理，可是有个问题：为什么面对问题的时候做不了主？那是因为没有修好戒、定、慧。

修戒、定、慧是要去学，学了，要慢慢去做。怎么做？还是从自己身体的行为、言语的行为、意念的行为上面去着手，这三个东西是你的心表现的工具，此谓"调心"。

调心就像钢琴调音师调钢琴的音一样。我们晓得，调音要非常有耐心。人就是耐心不够，为什么耐心不够？自我意识太强所致。自我意识怎么形成的？习气所致。习气来自哪里？还是来自于自己身、口、意的造作。

所谓唯心所造，你要造业也可以，可是要转变为道去修行呢？还是可以，只是要多知道些佛陀的道理、方法，如果完全不知道佛陀的道理、方法，盲修瞎练，那是没有机会的。尤其是在家居士，没有那么多的时间，除非退休了，自己有很多的时间，可以专门从事这些研究。除此之外，我们还可以用眼睛去看人、看事、看这个世界，在现实生活中，总会得到些启示，发现道理、方法，这就是"悟"。

我刚刚说，开悟没有什么了不起，随时都有机会。问题是，你有没有把握佛陀的道理、方法在哪里、佛陀的智慧在哪里？它并不是在经典里面，不是在大雄宝殿，也不是在禅堂，更不是佛陀的全身舍利。佛陀所遗留下来的智慧精华，不是从这些上面去探讨，而要从现实着手，所谓"佛法不离于现实"，可见问题在于你把自己的"我"摆在哪里。

如果说很虔诚地把心放在念佛上，没有什么不好。可是有个问题，念佛做什么？求往生西方极乐世界？未免太自私了。为什么说念佛求往生西方极乐世界是自私的呢？很简单，大家跟你一样都跑了，留下这些人怎么办？还有更多的人需要你介绍佛陀的道理、方法、佛陀的智慧，让更多的人得到利益。在这里跟各位特别声明：我不是反对修净土。台中地区是提倡修净土最普及的地方，最早有位李炳南居士，可能在座有很多亲近他的人。

那么，为什么说不要那么自私呢？毕竟学佛的人是发菩萨心、行菩萨道。什么叫菩萨心、菩萨道？就是自己去学习，自己有了修养，把自己既得的利益与更多的人分享，才叫菩萨。如果只是自己走了，那太自私了。

过去这十几二十年来，在台湾一会儿修净土、一会儿换禅，慢慢地又流行起藏密，一直变来变去，大家也跟着一起变来变去，最后有人问我："老师父，我什么都接触、什么都学过了，现在还是茫茫然，该怎么办？"我简单地告诉他："问你自己。"

他听了，并不是很满意：明明是我请教你，为什么要我问自己？因为，他从来没有认识自己，没有在自己的"心"上面去着手、去下功夫，只是在外面找东西。找东西没有错，但是反过来看，你有没有需要？对你有没有帮助？如果是否定的，何必浪费时间呢？所以，我写文章总会提到："凡起心动念，要与生死有关系，与道相应。"

如果能够时时刻刻把握这点，你就能明心见性，于心能明了，佛性就会显现出来。因此，真正的问题，还是在"一切唯心所造"，跟我刚刚的另外一个提示——心、佛、众生，三位一体——是相同的。

今天晚上，耽误大家很多的时间陪我聊天、谈心。今年过年的时候，我在电台讲：让自己活得快乐一点，可是不要让别人不快乐。我再重复一下：让自己活得快乐一点，不要让别人活得不快乐。这是我最后祝福大家的两句话，谢谢各位！

1991 年 4 月 26 日

尊重与珍惜

　　尊重什么？珍惜什么？不知道大家看了这题目是不是会凭直觉联想到生命的问题？不晓得各位在佛法上，面对生命的分类，熟不熟悉？可能你们会想，怎么问那么傻的问题，生命的分类，《金刚经》不是讲得很清楚吗？

　　这里稍许提一下，通常我们谈生命的分类有三种：第一种是大家最熟悉的有情众生，是指有情感反应的，人可以直接体会到的；第二种是非情类，"非"是指"是非"的"非"，并不是说它没有情感，而是说它的情感反应是我们没有办法直接感受到的；第三种是无情类，也不是说它没有情感，而是人根本感受不到。

　　然而，这三种要怎么去分辨？有情类指的是动物，包含了爬虫类、水族类等众生；非情类指的是植物，像树木、花草、蔬果；无情类指的是矿物。可能这三种分类，大家比较陌生，除非多看些经典，否则不容易了解，但是它们的名相不像我这种说法，现在我们不探讨这些。

　　为什么要提出生命有三种分类？因为很多不信佛教的人会提出异议：不杀生，你们讲不杀动物，但植物也是生命啊！为什么可以杀？矿物也有生命，你们同样去毁灭、去破坏。为什么他们会有如此的反应？这是因为我们没有很完整地把佛法表现出来，所以引发了很多不信佛教的人的误解："你们的戒条头一个是不杀生，可是你们还是要吃蔬果，还要用花来供佛，不都是杀生吗？"

　　我们晓得，佛像都用玉石甚至黄金来打造。因此，在这里要先了解生命、认识生命。佛教谈不杀生，究竟是以什么理念建立的？如果只是强调不杀生，就变成是很多佛教徒学佛，因为要不杀生，就吃素，不吃猪、鸡、鱼、鸭勾等，这是错误的观念。

　　佛法不用这种方式来表达，我们讲不杀生，是依于人的情感——可以直接感受到对方生命的存在，像感觉它的痛苦、喊叫等，所以我们要了解，为什么把不杀生摆在有情之类。其实我们讲不杀生的重点，是培养慈悲心。

　　佛菩萨是大慈大悲的，我们是学佛、学菩萨的人，当然要学佛菩萨的大慈大悲。所以，我们对佛法，有时只从一些教条，或用比较死板的方式去看，结果让很多人认为，佛法不错、佛教不错，可是我没有办法去接受。为什么呢？要求这个不可以、那个不可以。我们在人世间，已经有太多的不可以，佛法才提出"解脱"，如果学佛之后，反而增加更多的不可以，这个"解脱"会变成什么呢？恐怕也只是佛的"解脱"，而不是人的"解脱"吧！其实佛法是对人说的，而不是对佛说的，因我们人有那么多的问题，才需要佛法的帮助。

　　佛法用比较简单的方式表达，是指佛陀所说的道理和方法。这听起来好像没有错，可是没有抓住它的重点。所谓佛法，先要了解"佛"是什么。谈到这里，大家会说：你忘了，这是教师学佛营，连"佛"我们都不知道吗？可能你知道，但不一定知道得很详细。因为，一般谈到佛，是指释迦牟尼佛、阿弥陀佛。然而，"佛"在梵文中，称"Buddha"，翻译成中文是"觉悟"。因此，佛是觉悟的意思，如果把握了这点，就很容易了解什么叫佛法。

因为人在世间有太多的迷惑、太多的无奈，不能觉悟，才需要佛陀的道理、方法帮助我们。而佛陀的道理、方法与世间法有什么不同？我用最简单的方式告诉各位，世间的法或多或少都有缺失，就像以知识、经验化解问题，所谈的是智慧的问题。可是，"智慧"两个字，在梵文中间是分开的，梵文中谈智是"阇那"，指的是知识和经验，般若才谈慧。那二者之间有什么关系？

如果世间法谈智，以知识、经验去化解问题，总是有很多做不到的地方或有缺失。"智"除了世间的知识、经验之外，也包含释迦牟尼佛的知识、经验。可是，佛法不是出世法吗？怎么也说是世间法呢？举个例子，大家就很容易了解了，像佛教有部《大藏经》，我说那是印刷品，不晓得大家怎么想？那是一堆印刷品，里面有知识、经验，所以它还是属于"智"。因此，"阇那"就是知识、经验，不管是世间的、佛陀的或其他宗教所说的，都叫作知识、经验，都称之为阇那。

佛法里面强调"慧"的问题，它究竟怎么表现？它是运用一切知识、经验，并将其发挥到极致。什么样的极致？也就是面对问题的时候，运用你的知识、经验，能够完全化解问题，使它不再有缺失。此时所显现的力量，才叫慧。所以，我们讲，慧是力量，智是发动力量的动力。因此，以慧而言，拥有的知识、经验愈多，表现的慧就愈圆满；拥有的知识、经验不够，表现的就不够。

获得像佛陀一样的智慧，肯定是零缺点。此话怎讲？因世间法都是相对的，像善恶、是非、对错、美丑。事实上，人往往在相对中，选择正面而舍弃负面，譬如说善跟恶的问题，一般佛教徒最强调要去恶向善，世间人也是如此。

以佛教徒来讲，释迦牟尼佛不把人分成善人、恶人，而是说人的业有善有恶，并不表示人拥有的业有善有恶，就可以将他分为善人或恶人。为什么不可以？很简单，无始以来，人造作的业有善有恶，不是完整的善，也不是完整的恶。这时候怎么分辨他是善人、恶人？如以世间人分辨，看他有善行的时候，就是善人，有恶行的时侯，就是恶人。

但是，释迦牟尼佛不用此种方式分别，他是谈"业"有善有恶，这种善恶是你过去所作的，不能肯定你现在是善人或恶人。为什么这么说？人的行为有善的时刻，也有不善的时刻，可是这不是一种分别，而是善的行为中间可能有其不善，不善的行为中间可能也有其善。

在座的大部分都是老师，我们晓得，教学的方法很多，当你教学生时，如果用的语言比较激烈，是不是你就是恶的呢？虽然看起来不善，事实上，它的目的是善的。如此将可发现，为什么释迦牟尼佛对人不讲善人、恶人？他在佛法上强调，即使你是个善人，其实也有不善的地方；你表现不善的时候，可能也有善的地方。这是依于世间的知识、经验去看问题。

我们晓得，佛陀的知识、经验，是运用此种知识、经验，发挥成比较圆满的方法，才叫"慧"。从这上面可以发现，佛是觉悟的意思。凭什么觉悟？凭的是智慧的觉悟。所以，我说学佛、修行，是学智慧、培养智慧。如果学佛只在名相、经文上去念、诵、背、拜，那不叫学智慧，而是以佛教徒的方式表现的一种行为而已。

可是这种行为并不一定一天二十四小时、一辈子都能做到，至少他还要吃饭、穿衣、睡觉，还有很多其他的事要做，在做的时候，脑筋还是会想此时所想的。难道说都是念经、拜佛吗？如果能做到这个样子，也很了不起。为什么？你已经没有分别心，已经制心一处了！也就是我们所说的入三昧境界。事实上，做不到，最起码在吃饭的时候，桌上摆着很多菜，你还是会分别，咸了一点、辣了一些，这甜的东西可能吃了不太好，还是有很多的想法，不可能不想，因为人必然会想。

什么是智慧？就是运用知识、经验化解问题。因此，学佛是学智慧，学了智慧才不会被迷惑，才能得到觉悟，这种行为叫修行。也是我刚刚说的，包含了经典里面所说的，能以此修正身、语、意的行为，或叫身、口、意行为。人会造业，是因为身、口、意行为有缺失，我们人之所以要修行，是要调整身、口、意的行为。

人总离不开这三种行为的造作，像句子，一个字一个字写出来，它绝不是单纯的字面相加的这个意思，它有直接感觉的，或经过迂回需要再去思考的。又譬如遇到一些事情，讲的时候，感觉有点可笑，可是愈想愈好笑，可见人的思想，一直在动。所以，身、语、意在佛法里面，想达到圆满的觉悟境界，需要时时刻刻提起正念。

提起正念做什么？使我们身、口、意的造作不要有偏差。怎样才不会有偏差？像戒律、法门等知识、经验，运用这些知识、经验，帮助我们的身、口、意不会有偏差，不要去造业，而去行道，这才是佛法的目的。

今天有缘，到这里参加学佛营。谈到"学佛营"，我对"学佛"这个名词，有点异议，以寺院而言，应

烦恼即菩提。

叫"研习营"比较好，大家一起来研究讨论。

讲到修行，我们学习经典、学习法门，这都是很正当的。可是有个问题，要学什么经典？修什么法门？常常有很多佛教徒见了法师，向他问讯，甚至向他磕头，请法师开示，这点我不赞成。不是磕头的问题，因为，那不是学佛的态度，也不是学佛的方法。

真正参访善知识，应该带着问题去，平常看经典，或修法门，有了问题，要带着问题去问法师，法师帮你分析。可是有一点，大家要特别注意，千万不要到最后还说"请法师告诉我修什么法"或说"法师，我很烦恼，能不能告诉我该怎么办"，这不是带着问题去。因为，烦恼只是个概念，法师们并不能够说，你有烦恼，给你一个菩提，你就不烦恼了。

同样，大家来到菩提寺，假使有蚊子咬你，你还是会烦恼。菩提寺的"菩提"两个字，不可能让这个环境没有蚊子。所以，为什么说我们要带着问题去，而不要用概念的方式去问？譬如你烦恼，用过各种方法，但还是烦恼，请问法师该怎么办。法师的回答有两种——

其一：哎！学佛的人，不要烦恼嘛！

那你是不是就不烦恼了？还是烦恼。

其二：那好！我教你一个法门。

于是，刚开始教你念佛，天天念、时时刻刻念，烦恼来了就念，开头有效，念上三两天，烦恼还是烦恼。你再去问他，他教你一个咒语，你还不能化解，他又会告诉你一个方法，到最后你还是烦恼时，会挨一顿骂："你看你，业障重不重？我什么都教了，你还是烦恼。"这是时下佛教界的普遍现象。

释迦牟尼佛只能告诉我们道理、方法，我们要自己去面对烦恼。他绝不会说，你提出烦恼，我给你一个菩提。因此，学佛不是问跟答的方式，偶尔也有选择性的方式存在。因为你提出的问题，即使告诉你一个答案，这答案的本身，还是有问题，绝不是说你提出问题，告诉你答案，你的问题就化解了！

各位做老师的最起码知道，一加一不一定等于二。就像我经常讲的，乘法是倍数，为什么一乘一还是一？为什么一乘二还是二，可是二乘二是四，四乘四是十六？如果再往复杂一点的数目去思考，这问题就大了！然而，算术、数学都是人为衍化出来的。世间的法，本来就有缺失，并非零缺点。

佛法是针对世间的相对去认识它，从相对中去突破。这要怎么做？比如，要明辨是非，不参与是非，对于"是"和"非"，你要明了、要辨别，可是不可以参与。是不是麻烦来了？既然要明辨，又不能参与，大家想想这个问题该怎么办？其实很简单，你只要记住，这中间还有一个"我"在！因为人人都有一个"我"。

假使说我们要明辨是非，涉及是非，只有两个人，如果自己也要参与，就变成三个"我"了！怎么样能够在自己以外的两个他我，去认识是与非？学佛最怕的是常常忘了自己的我，就像卖卫生棉的广告，好得不得了，好得忘了那个"我"。

如果以学佛的心态去看问题，要知道，还是自己的"我"的问题，不是人家那个"我"的问题。譬如烦恼，人家讲一句话，可能不是讲你，你会联想到，可能就是在讲我。人最可爱的地方在哪里？他毁谤我，我很难过。既然是毁谤你，为什么要难过？毁谤不是事实嘛！居然还难过。可是，每个人都很可爱，情愿难过。为什么？因为自己的"我"显现了，可是这个显现，不是去分析对方的毁谤，而是以对方发出来的声音，用自己的感情、自己的方式感受，好像受了伤害。

人还有更可爱的地方，譬如在办公室，你要签名或做什么时没有带笔，人家桌上有笔，就顺手拿来写，习惯性地往口袋一放，走了。假使这个人说："你怎么做小偷？"你不会难过，最多说："对不起，我以为是自己的。"他已经说你是小偷了咧！为什么那个时刻不会难过？因为，我们认为这是事实，我真的拿了你的笔。人家毁谤你，不是事实，反而难过；是事实，反而可以道歉。"可爱"吧？

释迦牟尼佛讲了很多的道理、方法，几乎都是用譬喻的方式。很多的故事，都是世间的东西。唯一不同的地方在哪里？他提出道理、方法，使你去认识问题，从相对中间去认识、了解、突破，才是出离世间。出离世间什么？出离世间的问题，也就是化解问题。

知识、经验人人都有，能不能化解问题就要看本身的知识、经验有多少。当然，这要看本身平时的修养，就象"学"这个字，它是指汇集资讯，再加以整理，转变为自己的。简言之，汇集资讯是吸收，吸收而后消化，消化了才属于自己。如果只是别人的，那永远是别人的。

因此，我常说：学佛不要学人，像某某大师、某某长老，不得了，尤其是密宗里面的上师、仁波切，甚至活佛。讲到"活佛"，我常会想到，难道还会有"死佛"吗？如果用这种方式去学佛，那不是学佛，是学人。

在座的都是老师，如果自己不念书，不好好学习，一天到晚拜孔老夫子，你不可能成为贤人、圣人，也不可能成为有智慧的人。所以，一定要了解"学佛"。释迦牟尼佛在入灭之前，于《涅槃经》中告诉我们，他入灭以后，依法不依人，以法为师。他没有告诉你：要以我释迦牟尼佛为榜样、为老师。

像现在寺院里念"南无本师释迦牟尼佛"，"本师"是中国人提出来的。释迦牟尼跟我们一样来到这世间，唯一不同的地方在于，他学习了圆满的智慧，可以化解任何问题，是显现圆满觉悟的一位成就者。用这种方式去看，就不会像有些非常虔诚的佛教徒那样，手上慎重地捧着经典，而不好好研习，没有真正懂得它里面的道理和方法。

你们常看到，很多的寺院把《大藏经》放在大殿两边漂亮的柜子里，还用一把锁锁上，怕人家偷，假使人家偷了，就没有法宝可拜了！可否想到，经典是要去看、去钻研的？这都是怪现象。还有，假使你看到藏经柜没有锁，把玻璃门拉开，还没碰到经书，就有人跑出来说："不可以！"

我们常常看到所谓的天才儿童。是不是生下来，从来不教，他就那么聪明呢？一定是父母以及学校教育的功劳，再加上他学得比别人快，比别人容易理解，才能成为天才儿童。如果从来没有人教他，那天底下就没有天才儿童。

通常孩子小的时候都很乖巧，可是随着生理上开始成长变化，慢慢就开始反抗了，就到了所谓的"叛逆期"。孩子没有变，你的教育没有变，环境也没有变。那是为什么？

我们人一生中有两个生理期，一是进入成年的生理期，一是进入老年的生理期。其实，我们每个人都是这么走过来的，可是一旦面对问题，或处于成长的生理期，或中年进入老年的生理期，你将会发现：人反而忘了自己也是这么走过来的，忘了自己的"我"，这时候，人一心一意摆在对方的"我"上。因此，学佛不是叫你去否定这些现实的种种，现实本来就有问题存在。学佛是教你，当问题显现时，该怎么去面对。

所以，佛教提出三无漏学——戒、定、慧。为什么要谈这些？因为戒、定、慧都是些知识、经验，道理、方法，如果能吸收，消化，转变成为自己的，你就能时时刻刻面对问题、化解问题，对别人可以，对自己当然更是可以了。因为，佛法讲自利而后利他，自度而后度他。如果说世间法是相对的、有缺失的，佛法就是零缺点的、没有缺失的，它是绝对的。我们常看到寺院里面写着"不二法门"，其实就是"绝对"的意思。

还要提醒各位，刚刚谈到突破的问题，突破在经典里叫'出离'。什么是"出离"？一定是面对问题，跟问题打交道，能够突破问题，从中转出来，才叫"出离"。譬如离苦得乐，不是叫你逃避苦而追求乐，而是从苦的中间去认识、去了解，最后能够突破，你的苦就化解了，就得到了乐。不是于苦与乐相对中，叫你选择乐而舍弃苦。

苦、乐是相对法，善、恶也是相对法，从相对中间去认识、去了解。凭什么去认识、了解？那就要学佛，也就是要学觉悟的道理、方法，能帮助你觉悟的道理、方法，才是佛法，才能让你有出离、突破的机会，这是在概念上先要有所认识的。

我还要谈一个名词，学佛的人或佛教徒都很在意的一个名词——回向。我们都听说过，做功德要回向，回向之后，你的功德会变得更大，好像是魔术师。佛法里有这种讲法。功德要回向，是不要你执着于功德，这是第一个概念；第二个概念是重点，功德，功是一种力量，德是一种修养，把修养转化为力量，才叫功德，这里面包括精神的以及物质的功德。

事实上，回向应该怎么解释？用白话讲，把你既得的利益，给予更多的人分享，就叫回向，也叫功德，也就是回向功德。即把你"既得"的利益，不管是精神的还是物质的，以及本身拥有的知识、经验，总之，自己已经拥有的一切，给予更多的人分享。

在座的各位在学校教书育人，几乎都是在做功德，但很少有人注意：做了功德，有没有回向？所谓有没有回向，是指你是否执着于功德。可能大家马上产生了一个意念，我是不是每天下课后还要做回向呢？其实不是讲"愿以此功德，普及于一切"，这不叫回向。真正的回向是什么？很简单，你今天教了一天的课，学生的确应该学的，你教了没有？学生理解了多少？如果你发觉还有缺失，第二天自己去弥补那些缺失，这整个过程就是功德回向。

我们回到佛教本身的做法上。我们讲布施，大家概念里的布施可能有三种——财施、法施、无畏施。其实，布施只有两种，为什么我说只有两种？物质、精神可以给予人，无畏怎么给予人？拿什么给予？其实是说做财施、法施这两种布施的行为，你要具备无畏的精神，要无所畏惧，所以不是三种布施，只有两种。这种无所畏惧是什么？它包含了连续性，没有时间、空间的限制，要持续地做下去。因此，一定要了解布施有两种，这两种行为要具备无畏的精神。

为什么要谈这个问题？因为刚刚谈功德回向，在座的可能有很多受过菩萨戒，当你受完菩萨戒之后，回到家里有没有发觉，很多要求是你做不到的？这种事特别多。很多人听人家讲授菩萨戒的功德、增上功德，就糊里糊涂去受菩萨戒，受回来后，做不到。有的人跑来问我："老师父，我怎么办？"我说："什么怎么办？""人家说，受菩萨戒很好，我就去受了，可是有很多做不到，怎么办？"我告诉他一句话："谁叫你受菩萨戒，你就去找谁。"做不到，你受它干什么？这不相当于知法犯法吗？

所以我们谈修行办道等一些很平常的事，不注意就会出问题。譬如说皈依三宝之后，马上就去受五戒。通常我只赞成皈依三宝后，先学戒，不要受戒，先去学，认为自己能做到了，再去受。因为在家修行，三皈五戒里有这种方便，先去学五个戒条，学会一个，你自己就在佛前自受。

自受是怎么受呢？譬如说不杀生，我能做到，的确永远都可以做到，就在佛前说："从今天起，我开始受不杀生戒。"你就自受了。五个戒条，一个一个都做到了，然后才到戒坛去受戒。譬如，在家居士参加共修，先学习戒律，回到家，看自己能不能做到。其实不只是戒律，就像学佛营，大家也是想学一些东西回去，慢慢再去认识、去修养。你们来这里，只是汇集资讯，带回去消化。

许多事情，像发愿，常常有人认为这个功德最大，便发此愿——我出家，将来要盖个大寺院，供养很多出家人，让他们修行办道。我说这叫大妄语，你现在根本做不到，是不是妄想呢？发愿是要依于现在的条件，能做到，表现出来的，才能叫功德。

谈到布施，以前我举例说，布施、供养，不要听人家说布施得愈多，功德就愈大，不要用这种方式去布施、供养。不是跑到寺院去比谁的钞票多，而是要量力而为。佛法有个大前提，也是它的宗旨：不可以造成彼此的伤害，只要对任何一方造成伤害，这种行为就不可能完成功德。所以我说，不要伤害别人，自己也不要受到伤害。

以布施功德来讲，譬如你是一家之主，赚钱养一家五口，一个月赚五万台币，这五万块钱，虽然是你一个人赚的，但是不要忘了，其他四个人与你是一体的，这五万块他们都有份。如果你想做功德，要到寺院去做供养，布施五千元，我建议五个人开个家庭会议："我提议准备五千元去布施供养，你们有没有意见？"因为这五千元里，如果只有自己赞成，那只有一千元有功德，因为你要做嘛！如果其他四位，有一位说"不"，你只能做四千元，如果有两位说"不"，只能做三千元，就这么减，最后大家都不愿意，你只能布施一千元。你不能说："老子赚钱，爱怎么花就怎么花。"那是不可以的。我想在座的都会有这种感受，可能一部分话说到你们的心底了。

有时我们想要做功德，说不定功德的目的没有达到，已经先造成伤害了！我不晓得在座各位的家庭内部有没有这种情况，譬如有的信佛教，有的信基督教或其他宗教。假使一个家庭有不同的宗教信仰，你要供养佛、法、僧，他要捐献上帝，不可能走在一起。即使他们没有其他的信仰，你也不能够一手包办，你下个命令就这么做，那不能完成功德。

虽然我这些话，讲得好像不通人情，都是一家人，何必要这样嘛！但不要忘了，你是学佛的人。释迦牟尼佛强调众生平等，这话人人都能够接受，就像做老师的会劝家长："对你的小孩，有的时候要做老师、父亲或母亲，可是不要忘了，当某个时刻，你还要做他的朋友。"

佛陀说过一句话——众生平等。佛教里面常见的一些名词，很多人都会念，但怎么运用它去化解问题？包括自己的、别人的问题。这都是我们学佛必须要把握的一些概念。

此次"学佛"，咱们明天以讨论问题做总结。以我的经验，通常讨论问题时，只有少数人会提问题，很多人有问题但不愿当众讲出来。怎么办呢？依我的作风，可以用纸条先写好，明天一开始，先解答口头提出来的问题，然后再解答纸条上的问题。

在学佛的过程中，难免会遇到问题，你的问题可能也是别人的问题，通常听一个人讲是有限的，提出各自的问题，然后大家一起研讨，就可达到回向的目的。我不想把佛教的一些名词，摆一大堆在这里，归纳为结缘、随缘、惜缘，然后你们大家一起"分享"。这不是尊重，也不是珍惜。

我介绍佛法，很少用那种方式谈，如果各位看法界卫视，会了解到我在节目中介绍经典，很少在名相上打转。因为，那都是些知识、经验，道理、方法，把这些融合在现实生活里，能用得上，才叫佛法。如果用不上，那不叫学佛，最多只能说是一位佛教徒而已。

所以说只是信佛、做个佛教徒是远远不够的，还要做个学佛的人，才有机会成佛。我们只信不学，那只是依赖，依赖是有限的，唯有自己真正吸收佛的智慧，才能够使你的智慧愈来愈高，你才有觉悟的机会，时时刻刻都可以得到利益。这是我八十余年的学佛过程，以很简单的方式呈现，大家能把握的话，就比较容易悠游法海。今天就介绍到这里，谢谢各位！

1991 年

运用思想发挥智慧

　　非常难得，能有机会跟大家聊一聊，结个法缘。

　　人往往把思想定性为偏左、偏右或民主……不能以这种方式去看。

　　首先，必须知道，思想是每个人自己的思想，不是以别人的思想去看自己的思想，或者用自己的思想去计较、执着他人的思想。那么思想究竟是什么？一般所说的"起心动念"，它是一种思想的表现，起什么心？动什么念？我们先要了解，心跟念之间的关系。

　　心是每个自我内在的表现，内在称之为心；念是相应于外面我们所看到、听到的人与事的种种问题而产生的一个作用，这种作用叫作"念"。念的本身能分别，会计较、执着，但是不能做主宰，真正起主宰作用的是"心"。

学佛的人要修心养性。修什么心？修自我的心。学佛的人常讲到修行，一般把修行当成诵一部经或礼忏、念佛、持咒，修一个法门或参禅打坐，认为这就是修行，这是不正确的。因为自己还不能够做主，才需要依赖这些，使自己不会胡思乱想，产生妄想杂念。

真正谈修行，一定要把握修什么行。经典上讲身、口、意，就是身体的行为、言语的行为、意念的行为。身跟口是外在的。人人都能感受到的，而意念的行为是内在的。因此，修行必须内外兼修，这是讲身、口、意的思想行为。行为往往凭自我意识，或凭无始以来业的力量而发动，因此，会有偏差、错误而造成伤害。

谈修行，是要修正身、口、意的行为，使其不要有所偏差而造成错误，也不要造成伤害，佛法最终目的是要达到圆满。佛教特别强调圆满，是什么样的圆？应该是一个整体的圆，而不是平面的圆，它像一个球，从任何方向看都是圆的，没有缺点。我们之所以要修行，是因为我们的行为会有缺失，慢慢把那些缺失变得愈来愈少，最后修得像球状一样圆满的圆，才是我们的目的。

　　千万不要认为修行就是念经、诵经、拜忏、做法会，或念佛、持咒、打坐，这只是暂时的依赖，不能拿这些当成修行，因为自己身、口、意的行为还不能做主，还会有偏差、错误。这些，只是依赖的方法。刚开始，学佛的人都会依赖，可是不能够永远都依赖它。在依赖的同时，也要修正我们的行为。什么叫修行？修正身、口、意的行为，这是个重点。很多人介绍佛法，不用这种方式，都说要研究一部经，或修个法门，其实那不叫修行，只是暂时的依赖。

　　有了行为，才会产生问题。人不可能没有行为，只要是人都会有行为。为什么？身体会有动作，嘴会讲话，脑袋瓜会想，只要是人都不能避免，唯一不同的地方是：学佛的人会学习释迦牟尼佛的道理、方法、智慧，帮助我们面对世间的现实。

　　世间的现实是什么？世间现实的一切称为"世间法"，事实上，应该叫作"相对法"。怎么说？它有对、错，有好、坏，有善、恶。因此，世间的一切都是相对的。学佛是要面对相对的一切，慢慢去认识、了解，从中得到觉悟，时间久了，就可以做到突破相对，显现出绝对。相对，不管是正面、负面都有缺点，唯有绝对，是零缺点，没有缺失。

学佛是使我们的缺点愈来愈少，最后没有缺点了，你就是佛，就是菩萨了。大家听了，可能会认为，这不就是做人嘛！这也叫学佛吗？其实，佛可以说是完美的、没有缺失的人。不要以为人的问题我们都了解，看起来好像都了解了，事实上一点也不了解。为什么？如果真正了解了，就不会有烦恼、伤心、难过，也不会得意忘形，不会总是在好坏之中取舍而起分别。

譬如，佛教徒常讲"诸恶莫做，众善奉行"，大家有没有想过：恶的是业，善的也是业，它们都是业，只是说恶的会造成伤害，善的使人得到利益，唯一不同的地方在这里。当然，刚开始学佛，恶的要一天天愈来愈少，善的要一天天愈来愈多，这才是学佛的过程。

如此到达了某种程度的修养，连善也是多余的。如果还拥有善，以善作为修心养性或修行办道的中心，你就还只是在做人，尚未成佛、成菩萨。因为到达佛、菩萨的境界，连善也是多余的，没有用了，所以说到最后，连善也要舍弃。

刚开始学佛还是要去恶，恶的不要，还要多做善的。但这不是永久的，这只是一个过程，最终连善也要舍弃。以佛教的言语来说：好的，都要回向；不好的，要改变。这才是学佛者的正确观念。

谈这些问题，是说一个人的思想变化以及产生的作用。但是"运用思想"，一不小心就会变成投机取巧，譬如，为得到更多的利益而不在乎别人，也是运用思想，再譬如打麻将，不运用思想可以打麻将吗？不行的。哪怕吃饭、穿衣、行、住、坐、卧等，都要运用思想。学佛的人运用思想与一般人不同的地方在于，学佛的人会在思想中先做修养、调理，把好的拿来运用、不好的慢慢清净，方向不能搞错。

就像谈六波罗蜜里面的精进波罗蜜，我们说精进，学佛的人都要精进，可是有很多人，当一股道的热忱来时，可以不吃不喝、不眠不休，他认为这就是精进，一旦色身受不了，就躺下来了，原有的精进也都消失了。所以，在学佛的过程中，对道的热忱，千万不要像山洪暴发、狂风暴雨。因为，它们就像从山上下来的洪水，来得急、去得快。

真正修行办道，应该像细水长流，也就是在稳当的情况下去做，色身才不会受到损害。像苦行、日中一食（一天吃一顿）、夜不倒单（晚上不睡床铺），这些不一定叫精进。为什么？这么做，身体能维持多久？如果维持不了很久，最后病倒了，根本没有机会修行办道。

运用思想，并不是在佛法里面找些东西来运用，譬如烦恼、菩提。学佛的人讨厌烦恼、喜欢菩提，在座的各位有没有想过，烦恼，我们都很熟悉，你见过菩提没有？菩提是什么？见过菩提树、菩提籽，有没有见过菩提？可能有，可是没有办法把握，因为烦恼是一种现象，菩提也是一种现象。

讨厌烦恼，把烦恼当敌人，喜欢菩提，拿菩提当武器，去消灭烦恼，可能吗？菩提很难把握，它是什么样的东西？如果换一个角度看，假使菩提是佛法，烦恼是世间法，拿佛法对付世间法，用这种方式运用思想、学佛，告诉各位，你会没饭吃、没衣服穿、没房子住。为什么？一天忙到晚，最后还不知道在做什么。佛法、菩提不是武器，世间法、烦恼也不是敌人。

为什么要谈"运用思想发挥智慧"？像经典上的话，"烦恼即菩提"，菩提在烦恼之中，也就是说，菩提在烦恼里面，如果想从烦恼中找到菩提，怎么找？经典上有这么一个譬喻：烦恼是包在明珠外面的污垢，如果想见到明珠的光芒，就得把明珠外表的那些污垢弄干净，明珠才会显现。可以这么说，菩提就是明珠的光芒，烦恼就是掩盖明珠光芒的脏东西。如果这么去看菩提跟烦恼，你就会知道，为什么说菩提在烦恼里面。

要怎么样把烦恼弄干净，从而显现出菩提？究竟要用什么方式去看？就等于业与道，业就像明珠外面的肮脏、污垢，道就是明珠里面本有的光芒。

在这里要提醒各位，烦恼是污垢，但菩提绝不是那颗明珠，而是明珠的光芒！因为明珠的本身，是一个物质体，法不是告诉你，执着于那颗明珠。就像众生皆有佛性，为什么佛性显现不出来？像晚课课诵里"无始所作诸恶业，皆由无始贪、嗔、痴"的文句，在座的都会背，但理解、吸收的又有多少呢？佛性就是明珠里面的光芒。

烦恼与菩提，去掉一些烦恼，就会显现一些光芒，显现的那些光芒，我们称之为菩提。它不是究竟的，因为还有很多的烦恼、肮脏的东西没有弄干净，也就是明珠的光芒没有完全显现出来。等到光芒完全显现，佛性就显现出来，也就是说你证道了。证什么道？佛或者菩萨。千万不要把这个佛，当成另外的东西。经典上说佛是人成就的，并不是看不见、摸不着的，他还是人修行而成的。

谈修行，要注意这么一句话：造作的行为会成为业，可是修养的行为可以转变为道。这话怎么讲？如果以业的善、恶、无记来分，做善事是一种行为，做坏事也是一种行为。那修行成道呢？也是一种行为，

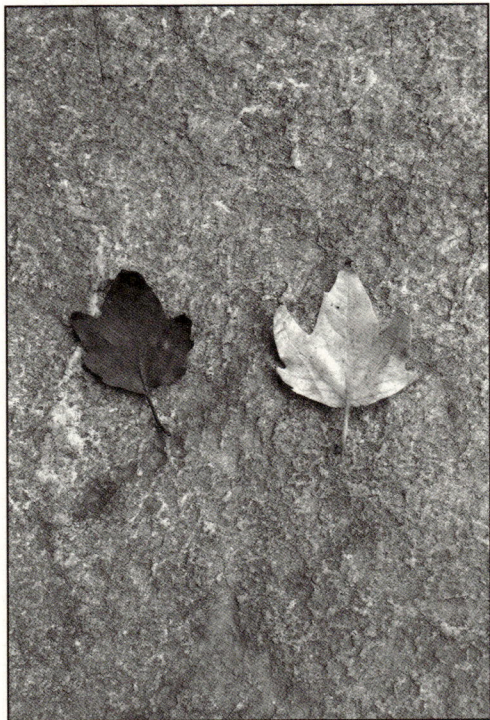

世间的一切都是相对的。

不同的地方在哪里？造作成业是照自我意识去做，譬如我喜欢、我讨厌，用自己的意识去分别而造作的最后结果，都是业。修行可以成道，为什么？修行要有道理、方法，它不是凭你的自我意识就可以做到的。道理、方法从哪里来？就是佛陀——释迦牟尼佛跟我们说的道理、方法。

　　如果是运用思想，应该运用什么思想？平常在学习的过程户，不管是看经典、研究经典，还是学习从道理的基础上表现出的方法，有了这些过程，才谈得上运用思想。否则的话，所运用的思想是自我意识，难免有缺点，如果依于佛陀所说的道理、方法去做，可以使你的缺点愈来愈少。因此，为什么要学佛？学佛，至少造业的机会愈来愈少。相反的，修行办道的机会愈来愈多。在这种情况下，久而久之，业慢慢清净了，道就会圆满。

　　讲到这里，我要提出另外一个问题：业怎么清净？是不是礼佛、拜忏就可以消业？或布施、供养就可以消业？甚至有的法师告诉一些学佛的人，跪在他面前，打打香板也可以消业，这些真能消业吗？

　　还有一句话，这不是经典里面讲的，而是人说的——"一句弥陀，罪灭河沙"，意思是念一句阿弥陀佛，像河里面的沙那么多的业都可以消失掉。假使一天念上十万遍，那你就是佛了吗？什么业都没有了吗？

　　学佛要能把握方向，什么方向呢？学佛不是学人。说得夸张一点，近六百年来，百分之九十的佛教徒几乎都在学人，而不是学佛。动不动就是祖师、某大师、某长老说，好像佛都没有说。想想看，你学人，像学祖师、大师、长老，你最多像他，不可能像佛、像菩萨。所以，一定要学佛，不要学人。

　　所谓师从祖师、大师、长老，是去亲近他所学的精华，缩短学习的时间，而不是去学那个人，要晓得祖师、大师、长老都只是人。像我常讲的，我是一个土和尚，土里土气的和尚，意思是什么？你不要学我，你学我，会变得土里土气的。

　　从哪里学佛？如果时间、空间足够，可以从经典中找寻；如果时间、空间不够，可以亲近善知识，尤其是出家人，因为他们是佛法的专业从业人员。譬如我，花了八十几年的时间，说是打混好了，也学了不少。可是，你们只要花短短的时间，把我经过八十几年时间所学的，从中撷取就可以得到很多利益。这才是亲近善知识的目的，千万不要学人，这是我们要把握的方向。

近六百年来，学佛的人几乎都是以人为标准，不是以佛为标准，这样的例子我看太多了。譬如学佛的佛弟子见面，一般会聊聊天，然后看看手是不是跟佛陀一样，长相是不是跟佛陀一样，讨论有没有见过释迦牟尼佛，他究竟是什么样子，经典上说他有三十二相、八十随好，看我具备了多少……就算具备了三十二相、八十随好，你也不是释迦牟尼佛。为什么？你没有释迦牟尼佛的智慧。要想像佛，一定要具备像佛一样的智慧，没有那种智慧，有那些相也没有用。

常有这种现象，说这个人长得很庄严，那个人看起来像达摩祖师，这都只是在相上打转。我并不是说学佛的人对或错，而是近六百年来，中国只有佛教，没有佛法，因为人们只谈一些佛教的仪式，不谈佛陀的道理。像谈到色尘、法尘、色法、心法、五蕴、六根，谈这些基本的名相、名词，没有问题。可是，把它们放在一起，当成道理、方法，就陌生了。为什么？因为没有从里面见到法，只看到文字、名相，能够进入到法相，就很不错。

学佛，要学佛陀的道理、方法，学了之后，在现实生活中慢慢去体会、试验，久而久之，智慧就会愈来愈高。人生活在现实生活中，常有很多的不称心、不如意，俗话说"人生不如意，十之八九"，为什么？智慧不够。

所以，学佛是学佛陀的智慧，佛陀的智慧究竟是什么？以人的生死问题来说，于业，有很多道理、方法告诉你，怎么去清净；于道，也有很多道理、方法告诉你，怎样从业里面见道，或从烦恼中间显现菩提。这都是培养智慧，而不是拿一个武器去对付一个敌人。

佛弟子常把佛法当成宗教信仰，这也没有错。佛教有它的宗教形态，但佛教跟其他宗教最大的不同点，在于它里面有道理、方法、智慧，这些我们就叫佛法。谈运用思想，如果不能把握这些，很可能都是自我意识，不一定是智慧。

　　怎样才知道不是自我意识？怎样才知道是合乎佛法？学佛要把握一个大前提——不伤害别人，自己也不要受到伤害。前面一句话，不伤害别人，比较容易做到。同时，让自己也不要受到伤害，就不太容易了。为什么呢？做一个佛教徒，甚至信佛很久的人，不伤害别人，往往最后自己却受到伤害。

　　我知道很多人学了一二十年佛的人，最后不信佛教了，改信基督教或信别的宗教，为什么？因为，他从来没有学过佛法，只做了个佛教徒，即使在学，也都是学人，这才是根本问题所在。

　　因此，"运用思想"不是说自己想怎么办就怎么办，那是自我意识。自我意识是依于自己的知识、经验完成的力量。如果依于佛陀的道理、方法，面对问题、化解问题，就不会造成任何伤害，肯定可以得到利益。

　　我平常演讲，不会使用很多佛教名词、佛教名相，例如你们思考究竟什么是佛时，大家一定会看到我后面就是佛，对不对？再问大家一个问题，我们说皈依佛、法、僧，我后面的《大藏经》是佛法吗？

　　佛是圆满觉悟的意思，能达到圆满觉悟，你就是佛，已经圆满成就了。泥塑、木雕的偶像只是精神寄托的偶像，如果只做个佛教徒，每天对着所谓的金身拜拜的话，得不到智慧，最多只能少造些业，如此而已。真正要有智慧，须多听些佛陀的道理、方法。什么方法？就是我经常说的"三多"政策——多看、多听、多问。

多看。假使看一部经，经典的原文有太多的名词，不容易理解，有些名词，除了中文，还有梵文，甚至巴利文，梵文跟中文混在一起，你从字面上看不出它的道理来，怎么办？去看注解。同样一部经，有很多不同的高僧大德作的注解。所有不同的注解都去看，这是看的方式。

看了还不够，因为看难免还有自我意识，怎么办呢？要多听，听人家讲。譬如研究一部经典，有很多地方不太了解，怎么办？多听别人讲，听一个人讲还不够，要听不同的人讲同样的一部经典。

多看了，也多听了，还不行。因为你自己看与听别人讲，还是有些分别、有些差异。在座的可能都有这种经验，奇怪，为什么相同的问题，问不同的法师，所讲的都不一样？究竟听谁的？都会有这种经验。为什么？我刚说过，有些法师没有真正深入经藏，把佛陀的道理、方法、智慧表现出来，所以同样的问题，不妨多问些人，不管出家的还是在家的，只要是善知识都可以问。

多看、多听、多问之后，汇集了很多的资料，就可以拿来做比较，再去选择，但是只有一次的比较、选择，还是不够，还要把不同的选择，再做比较，再选择，比较、选择……到最后，差不多就是你所需要的。

千万不要认为法师、大师说了就算，那只能拿来参考，不能百分百照他讲的去做。如果百分百照他讲的去做，你是学人，不是学佛。所以看经典要花很多精力，的确需要时间、环境的许可。可是，我们看很多寺院，把一部《大藏经》摆在大殿的柜子里面，还锁起来，做什么？不是给人看，而是供人去拜。但经典是拿来看的，拜经不如看经，因为拜经的重点是在"拜"上，对文字的意义，可能没有机会了解，所以不如去看，看的时候会引发你的一些想法。但是看经又不如想经，想什么？不是去思想、怀念经典，而是去想经典里面的意义，它究竟说了些什么。

所以刚开始拜经，也没有错，只是不要老拜。拜了之后，还要看，看了以后，还要去想，这样才有帮助。不过我在这里，教各位一个较笨的办法，什么办法呢？拜经可以做，看经也可以做，想经也可以做，可是究竟我想得对不对？没有关系，不是想一遍就算了，只要有空就看一看、想一想，再看一看、想一想，加上前面讲的多看、多听，还有多问，最后就能得到你所需要的。

这就是依教如法。依什么教？如什么法？依佛陀所教的道理、方法。唯有运用佛陀所教的道理、方法，才能发挥智慧。否则的话，发挥的是自我意识，不是伤害别人，就是伤害自己。唯有释迦牟尼佛的智慧，才不会造成伤害。这是在思想上首先要把握的。

学佛如前面所讲，不能像山洪暴发，要像细水般长流，重点在哪里？山洪暴发，都是泥浆水，看不清楚。而浅水、细水，清澈得很。这说明什么？道的热忱发起来，难免有些盲目，唯有心平气和的时候，才会表现出道来。

因此，我常对在家学佛者说："烦恼的时候，千万不要去礼佛、看经、打坐，要在心平气和的时候做这些。"为什么？烦躁的时候，或心情、情绪不好时，拿着一本经书，却看不下去，因为脑袋瓜里都是烦恼。那烦躁、不安定的时候，该怎么办呢？

在烦恼、情绪不好、坐立不安的时候，不管你想的是什么，随便抓一个，就盯着它，把它搞个清楚。这方法看起来很简单。告诉各位，其实很难，难在哪里？因为脑袋瓜里的妄想杂念一大堆，该抓哪一个？要止于一念，对不对？什么叫止于一念？就是在混乱里面抓住一个，面对它，搞清楚。

可是，当你抓住了某一念，这中间会有些什么现象呢？如果修养够，一刹那之间就能抓住，如果修养不够，就要花很长时间去抓。所以妄想杂念是没有办法避免的事，也不要害怕面对。而佛陀所讲的道理、方法，告诉我们如何抓住它、化解它，这种现象叫解脱。

很多人以为人死了就解脱了，并非如此。学佛当中，大大小小的解脱没有办法计算，为什么？因为大大小小的问题太多，一个问题化解掉，就是一个解脱。佛法中有个名词叫"劫"，劫数难逃的"劫"。最简单的认识是，一个问题的发生，它关系到过去的因、现在的果。问题的发生是因，显现出来的就是果。当这个因果完成了，就是经历了一劫，或说经过了一个解脱。

我们常看经典上动不动就讲"无量无边"，为什么讲那么大的数目？因为人的业因、业果实在太多了，没有办法计算。在经典上也看得到，想成佛、成菩萨，要经历三大阿僧只劫。历经三大阿僧只劫可以得到什么？阿耨多罗三藐三菩提。那一大阿僧只劫是多少？"阿僧只"是无量的意思，也就是没有办法计算。

没有学佛或学佛但不是很有修养的人，往往假如好的因来了，显现乐的果，就很容易接受。假使恶的因来了，要受苦的果，就受不了了。这两者，善称为正面的，恶称为负面的，其实正面、负面，只是得到乐、苦的一个结果，在佛法中都是要受报的。

可是往往你在受报的时候，又会产生随业而再造业。这话怎么说？譬如善的因，显现乐的果，有时候得意忘形而再造业。若是恶的因，要受苦的果，你可能就不能接受，在不能接受的中间，又会再造业，旧业未了，又造新业，这都是很危险的事。

因此当业报显现时，要欢欢喜喜地承受，尤其是苦的果，更要欢欢喜喜地去承受。而乐的果呢？千万不要得意忘形。学佛的人，千万不要认为乐是我的福报，好像无始以来做了很多好事，却忘了得意忘形也会造业。如果苦报来了，就怨天尤人，抱怨我这一生又没有做坏事，为什么过得比别人差？甚至还会以很多坏人过得比好人更好。用这些方式看问题，都不是佛教徒的正常看法。

无论善恶、苦乐，都是业报，一旦降临到我们身上，显现的时候，如果能欢欢喜喜承受，因果就完成，劫就消失了，就能真正得到一个解脱。而想无始以来所有的业都能消失，当然就只有道，最后连道也不需要了。

《金刚经》里有句"如筏喻者"，什么意思？就
像你要渡河，从河的这边到河的那边，我们不是讲到
彼岸吗？但是，渡河一定要有方法，佛陀所讲的道理、
方法，并不是一个固定的方法，须看时间、空间、环境，
他说这个法像竹筏子、小船，要过河时才利用它。从
此岸到达彼岸，这样就可以离苦得乐，意思就是如此。

佛法无定法，它没有一定的方法。又说应病给药，
什么样的病，吃什么样的药。可是话又说回来，也不
一定是这样，譬如流行感冒，医生绝不会只开一种药
给大家，因为并不是所有的人吃这种药都可以把感冒
治好，因为每个人的体质、生活习惯、运动方式都不
相同，虽然都是感冒，吃同样的药，不一定有效。所
以我们常说都是感冒，怎么你吃这药有效，我吃就没
有效？由此可见，同病不一定同药。

众生的因因果果都是病，就要用不同的法。释迦
牟尼佛讲了八万四千法门（其实不止，它只是个形容
词），是不是每样都要学？那倒不需要。刚刚说要先
从身、口、意行为上面着手，多看、多听、多问，在
这三多的前提之下，可以汇集更多资料，就有了更多

比较、选择的机会。

学佛，有时候很难把握，甚至还会有种感觉：没学佛之前，过得很自在。一学佛，反而觉得不自在，问题还更多了。其实那是自己的看法，用佛法的方式看，就不一样了。

具体怎么看？我刚说过，业报显现的时候，要欢欢喜喜去承受。人活在世间，有好有坏，苦与乐都会有；下三道畜生、鬼、地狱众生，他们只有苦，没有乐；天道众生，只有乐，没有苦。佛法告诉我们，只有人才有机会真正修行办道。因为天道的众生只有享受，并不知道苦是什么，但这并不表示天道众生就不会堕到别的地方。一旦福报受完，还有那么多苦的业报存在，还是会堕落。所以真正修行办道，最好的环境是人道。"人身难得，佛法难闻。"因此，拥有了人身，才有机会学到佛法，不好好把握的话，就会浪费生命。

讲到这里，我要提醒各位，在家学佛不要跟出家人一样，因为出家人是专业的从业人员。在家学佛是解决自己的问题。出家人除了解决自己的问题，还受供养，又欠了一些债，因此，还要还债，度更多的人，而在家能解决自己的问题就可以了。

要不是因为从小出家，我还是愿意在家学佛，不愿意做出家人，因为做个真正的出家人，要放弃很多，那不叫牺牲，叫放弃。头一个，不能有自我，因为有自我就会有分别心、计较、执着，只有完全放弃自我，才不会起分别、计较、执着。

对于出家人，不能以同一标准去看待。首先要看他出家多久，假使他刚出家不久，你也要求他像我这出家八十几年的人一样，那未免太苛刻了。

我们那时代的出家人，如果没有几把刷子，是不准下山的，也就是说，没有一点本钱，就不准下山。因为我们要跟在家居士打交道，如果在家居士往地上一跪，请法师开示，你要有东西给其开示才行。现在出家方便多了，要求也不像过去，因此有时候在家居士看出家人，所见的也不一定是他真实的一面。当然，我并不是因为我是出家人才这么讲的。

例如济公和尚，他最广为人知的特点是什么？吃狗肉、喝老酒。我讲个故事，你们就不会认为他是喝老酒、吃狗肉的了。有一处道观的三清道士和济公关系很好，因此他常常去道观。

有一天，道士故意和他开玩笑："我今天杀一只鸽子给你吃好不好？"

济公说："好啊！"

于是道士抓了一只鸽子，把它弄死、拔毛、切了、炒了，放到桌上。

济公说："我吃可以，但是只我一个人吃，你一点点也不能碰。"

最后，济公把这盘鸽子吃了。

道士哈哈大笑，说："你看！你是出家人，还叫我杀生。"

济公说："我没有叫你杀，我也没有吃啊！"

道士说："事实明明摆在眼前，你怎么否认？"

济公说："你看！"

于是他张开嘴，只见一只活生生的鸽子从他嘴里飞出去，道士只好甘拜下风。所以，真正的有道高僧不一定是你想象的那样，在家居士看出家人，不要只看表相。

那从哪些方面去看呢？很简单，出家人有没有修行办道？有没有持戒？讲出话来是否对你有利益？遇到问题是否会分析给你听？如何化解？

我们回到题目上，"运用思想发挥智慧"，这题目太大了，我们前面讲得比较口语化，现在转变为佛教的理论。前面所谈那么多的根本是如何形成的？

人有六个根本，眼、耳、鼻、舌、身、意，面对外面六种不同的东西，色、声、香、味、触、法，它是一对一的。

六根对外面的六尘，不会交叉，你在这里面会发现一个问题，什么问题呢？譬如吃饭，这五个东西可以同时动作，手拿筷子、拿碗，眼睛看盘子里有什么菜，夹了往嘴里面放，是咸的、甜的、酸的、苦的、辣的，很清楚，如何显现出来？不要忘了，还有第六个"意"。为什么？

前面谈运用思想，思想是以念来讲的，我们讲心念，以念来说有两个根本：一是意念，是我们讲的六个根本的第六个；还有一个根本叫想念，是我们讲的"五蕴"——色、受、想、行、识的"想"。所以念有两个：一个是前面所讲的，是从表面产生的一个变化作用；而后面的想念，是经过变化作用，最后再发起的一种现象所完成的力量。什么力量？好的、坏的、对的、错的这些东西；而想念是以心来讲的，前面的"意"是专门对付外面的，有外面的根本接触才会产生变化。

譬如看一盆艺，眼睛看到的是什么？不同的颜色、不同的形状。可是，这花是什么花？意是第六个根本参与。譬如说菊花，意念会产生作用，它只是一种变化作用，真正决定欢喜不欢喜的是想念，也就是自我的心。我们常说，这个我喜欢，那个我讨厌，如果只在喜欢、讨厌上面打转，你就忘了我喜欢、讨厌的这个、那个，等于你根本没有看到、听到。一定接触到外面的东西，才会产生意念、想念，讲得更深一点，就会有色尘、法尘、色法。

眼睛、耳朵、鼻子等五个根本所接触到的物质体，称为色尘。尘是什么？像灰尘的尘，就是我们说的一种物质体，所有的物质体，都可以叫"色尘"。

法尘要经过"意"，也就是第六个根本。譬如这是一盆花，大家知道这是盆花，一定有很多不同的花，还要有花盆，这些不同的花、花盆都是色尘，把它们放在一起，还要有意念参与才可以，如果没有意念，会不会完成一盆花？不会的。

因为色尘的组成而完成一盆花，一盆花中所有花的组成叫法尘，这盆花不是某一朵或某一根，不同的花盆、不同的花、不同的草都叫色尘；完成一盆花，要经过第六个根本产生变化，像配颜色、高矮、形状等。如何组成，这叫法尘。

色法是人的"我"，就是"心"参与了。参与什么？譬如花有不同的流派，像西洋的、东洋的、中国的……这并不是第六个意念可以产生的，而是"想念"所产生的，想念就是我们所讲的"心"，换言之，用什么流派的插花方式叫色法。

心法的心，是五蕴中"我"的问题。要完成这盆花，也要我去完成，用什么样的方式表现，或用不同流派的方式表现，也是"我"去。必须要有知识、经验、道理、方法、理论等才能做到。讲这些，我们就可以发现，运用思想没有那么简单。

从物质到组合完成之后，表现的是精神、现象，这时候叫心法。那跟烦恼、菩提有什么关系？譬如，我不晓得，马来西亚有没有卖彩券的？有卖彩券的。彩券是一张纸，等于是色尘，可是纸上面印了很多文字，那是法尘。什么时候才称为色法？要开奖，开出号码来，你的号码是不是跟它一样？这时才有了色法。什么时候是心法？有没有中奖都是心法，因为中奖了就欢喜、就高兴。没中就不欢喜、就烦恼。

什么叫烦恼？菩提在哪里？烦恼很容易知道，可是菩提在哪里？是不是中了奖就是菩提？不是的。马来西亚现在一张彩券是多少钱？我搞不清楚，反正是举例，假使一张彩券一个号码，如果说我有钱，多买两张也无所谓，那并不是问题。如果造成了问题，就是烦恼。买彩券，对你无妨的话，也不是菩提，因为你没有生烦恼，就不会有菩提。

当你花了很多钱买彩券，超过了你的预算；如果中了奖，什么问题能解决，这都是烦恼。但是，在这个烦恼中间，冷静地想一想，真的能够中到第一特奖吗？有时候很奇怪，能够中两个号就不错，总比不中好，那也不是菩提。真正的菩提在哪里？是你烦恼起来了。譬如说我第一次买一张不中，我下次买五张，再下次买五十张，甚至买一百张、二百张，那叫自寻烦恼，永远没有见菩提的机会，到最后可能要到银行贷款，还要向别人标会、借钱来买，因为他永远只有烦恼，不会有菩提。

什么时候有菩提？买的时候不太在意，这只不过是碰运气，把它当成娱乐，无所谓，这都不可能见到菩提，但如果说你迷惑于彩券，一定要中奖，就会造成烦恼。在这烦恼中间，还得看你烦恼什么？譬如薪水，本来可以维持一个月的生活，你先去买奖券，中奖了，吃不完、花不完，烦恼也多了。在任何一个烦恼中，如果还能面对烦恼，知道怎么化解烦恼，才能显现菩提。迷惑于彩券的人是最笨的人，如果不被迷惑，只把它当成娱乐，中奖没有什么好或不好，没有中奖也没有什么好或不好，烦恼不是在好坏里面去找，菩提也不是在好坏里面去找，而是在烦恼生起时去找。

我们刚刚谈到，善业显现时很快乐，恶业显现时觉得是受苦，人们往往愿意接受快乐，不愿意接受烦恼，但恰恰，如果烦恼显现时还能欢喜承受，就有显现菩提的机会。所以说菩提在烦恼里面。

菩提不是释迦牟尼佛给你的，而是烦恼生起时，你自己从中去发现的。怎么发现？当然要有道理、方法，也要靠平常的修养。平常修养怎么形成？通过调整身、口、意的行为，使不好的转变为好的，好的愈来愈好，久而久之，形成一种修养，这种修养就是智慧。

所以"运用思想"这名词，听起来很简单，但往往不小心变就会成自我意识，甚至还会将之归咎于"佛说的"，其实是人说的。刚开始学佛会有所依赖，因为自己还不能做主，等到修行达到某种修养程度，也就是智慧愈来愈高时，自己做得了主，就有了成佛、成菩萨的机会。自己做不了主，还是会有所依赖，不是说依赖一定是错的，可是不能永远依赖。

好了，今天玩误大家很多时间，在这个地方"胡说八道"，可是我不姓胡，我姓释。谢谢各位！

1991 年 11 月 24 日

有自我，就会有分别心、计较、执着。

从生活中认识佛法

　　佛法处处都有，经典上说佛法无定法，是随兴而说，也就是说没有特定的题目。但是，我们需要有一个范围，在这范围之内，和大家聊聊天，谈一谈佛教、佛法，在平常的现实生活中，跟人、事、物打交道，去发现佛法。

　　佛法是在现实生活中显现的，而不是到庙堂里去找的，刚接触佛法的人或许会感到这说法有点标新立异。经典上有句话——"平常心即是道"。什么叫平常心？是指平常生活中的起心动念，不管是世间的、专业的，还是普遍性的，都有道的存在，问题在于我们能不能把握。

　　我首先提个公案供大家思考，今晚的介绍也在这范围之内。有两位出家人在争论，在此不谈争论的主题，但这两人都说自己是对的，对方是错的，他们怎么争也不能得到结论，于是跑去找老师父。

　　甲跟老师父讲了许多后，问："我这样对不对？"老师父说："对啊！"他便欢喜地走了。

　　乙又进来，同样把理由、内容讲给老师父听，问老师父："我这样说对不对？"老师父说："对啊！"乙也欢喜地走了。

　　两个人欢喜地离开了，这时，老师父身边的小沙弥沉不住气了，说："第一个来，你说他对；第二个来，也说他对。究竟是谁错了？这样不是没有是非了吗？"

　　老师父回过头，对小沙弥说："你也对。"

　　这个公案的老师父是不是不懂得是非？其实，这里面有非常大的思考空间。我曾说，要明辨是非，不要参与是非，刚开始听我讲这些话很难理解，要明辨是非，又要不参与是非，不是很矛盾吗？

　　稍稍思考前面的公案和这些话，就会发现里面有佛法。什么是佛法？一般人直接的感觉是，佛法是佛教里面的经典，可是按我的说法，不是这样认定的，但是我也不会说它错。佛教这一部《大藏经》，它只是一大堆的印刷品。可能在座的法师、三宝弟子听了这话，会认为这是大不敬，这是佛教的法宝，怎么说是一大堆的印刷品呢？

到书店走一走，里面所摆的不都是印刷品吗？当你进入书店拿起一本书，那本书还是印刷品，可是里面有内容、道理、方法。怎么样才知道它的道理、方法？必须打开这本书，好好地看，佛教的《大藏经》也是如此。如果不打开来，做深入的认识、探讨，那还只是一堆印刷品。即使你打开经典，看了、读了、拜了，还是需要从里面了解它的道理，知道它的方法，同时面对现实生活，不管是人或事，当你发现这些无明烦恼时，经典里的道理、方法可以运用上，并且能突破无明、解烦恼，不管是看到、听到，还是深入里面的意境，在现实生活中，它能产生它的价值，这才叫作佛法。因此，不管是什么书，你去读它，深入认识当中的知识、经验，要将其转化为你的智慧。如果不能达到这种修养，它们都只是一堆印刷品。

　　我经常到各地方，看到有些道场、佛堂中间供有佛像，两边放藏经的柜子，摆得整整齐齐，还用锁锁起来，那是为什么？用来礼拜的。大家想一想，如果藏经是法宝，你不打开，不接触它、看它、深入地认识它，怎能产生珍贵的法宝呢？

　　佛法，有太多的人对它很陌生。但佛法对陌生的人，反而熟悉。这话怎么讲？因为大家对佛法作最简单的诠释，认为佛说的法就叫佛法。这猛然一听好像蛮有道理，但其实佛说的法，不一定是佛法，除非你能够深入地认识、理解、体会，将它转变为自己的知识、经验，慢慢修养，成为自己的智慧，运用在现实生活中，表现出它的价值，此时才称得上是佛法。所以，佛法是什么？能帮助你得到觉悟的法。

　　刚刚我们谈到是非的问题。世间法都是相对的，譬如好的相对于坏的、美的相对于丑的、善的相对于恶的，世间的法没有绝对的。如果以世间的修养，最多把相对的法分为正面的和负面的，取正面而舍负面，这是世间法与世间人。当然也要看他对世间法的修养，也就是从他具备的知识、经验，形成的智慧来分辨，从这上面可以发现，很多做善事的是善人。那做坏事的呢？是恶人。可是，我不做善事，也不做坏事，我是什么人呢？

惠能大师语录上说：五祖介绍了《金刚经》之后，叫惠能马上离开道场，当他离开时，很多人追他，因为他身上背了放祖衣（法衣）的包袱，得到后可当祖师。那时，有位将军出身的出家人叫惠明，他骑着马去追惠能大师，当他追到江西大庾岭时，在山下看到惠能大师，后面跟着很多出家人。快追上时，他告诉那些人，这条路上没有惠能这个人，你们到别的地方去找。

由此可以发现，惠明有一份私心。若大家都追上去，这件祖衣以二十五条来讲，也不够分配。当惠能到达山上，知道要走也走不了了，就把包袱放在石头上，自己躲在草里面。在这里大家思考一个问题，包袱摆在石头上，为什么惠明用手去拿，却提不起包袱来？这是语录上面的记录，不是我说的。

人的善恶在一念间。不是包袱拿不动，而是当他伸手想拿包袱时，意念在刹那之间，想到自己如果没有修养，即使拿到祖衣，真的能够当祖师吗？因此，他马上停下来，面对惠能大师说：我是为法而来，不是为衣而来。此时，惠能大师讲了几句话："既然不是为法衣而来，而是为法来，你想得到什么法？"于是，惠明往地上一跪，合掌、请求开示。

这时惠能讲："现在什么都不要想，静下来。我问你，不思善，不思恶，此时你的意念中是什么？"

如果在座的各位，那时候跟着一起追惠能大师，也产生这种境界，会不会跟惠明法师一样恍然大悟？悟到什么？很多人的答案是"清净心"。善是好的，难道就清净吗？恶是不好的，难道就一定不清净吗？这都值得我们去思考。

我们常说开悟，甚至还有人称可以帮人家开智慧。其实谁也不能帮你打开智慧。释迦牟尼佛留下整部的藏经，称为法宝，里面都是智慧，释迦牟尼佛绝不可能摸摸你脑袋，或点两下就给你开智慧了。如果那样，今天这个世界不会有那么多人，早都成佛菩萨了，释迦牟尼佛早把人度光了。

这里面说的是什么？修行办道，也就是说学佛。学什么？学佛陀的道理、方法，在现实生活中慢慢去体会、感受，而成为自己的修养，才叫作学佛。也就是要学怎么样能觉悟，而不被迷惑，不造成烦恼。

可是，几百年来的学佛者，大都是学佛陀的样子。佛陀是什么样子？在佛龛里雕塑的金身，盘着腿打坐，假使佛像举个手，他也举个手，可是他忘了自己是活蹦乱跳的人，而不是木头、泥塑。很多人都在学佛像，学佛是要学佛陀的道理、方法，舍弃了这些，没有佛法可学。

当自己还没具备修养之前，会有所依赖，依赖什么？诵经、礼忏、念佛、参加法会……先去接触这些，慢慢地调理自己的身、口、意，调理自己的行为，这只是一种依赖，终究自己还是做不了主。所以，我们要学佛法，学佛陀讲的道理、方法，使之转变为自己的修养，自己才做得了主。

常有这种说法，假使某个人出家，就说这人佛缘很深。假使某个家庭，大家都学佛，这是个佛化家庭，很不错。这些都是称赞，都只是相上的问题，也就是说在表面上所看到、听到的一个现象而已。

佛法是现实的，必须具备有价值的内涵，而且要转变为自己的。否则的话，佛法归佛法，自己还是自己。因此，很多学佛的人，到处寻找佛法。怎么寻找？很多人提到善财童子五十三参，里面有几位是出家人？几位是懂得佛法的人？他参访的都是普通人，怎么寻找佛法？佛法在哪里？他的确找到很多佛法，问题不是那些人有没有佛法，而是自己在参访的时候，你跟他在交谈中体会到什么。

譬如听法师或在家居士讲了很多道理，最后离开时，受益匪浅，法喜充满，走在路上，假使原来有烦恼，还是同样烦恼，找到佛法了吗？当然，不是说不要去参访善知识，而是善知识跟藏经的法宝是一样的，要主动地接触它、看它、体会它、探讨它，才有机会发现佛法。如果请善知识开示，一般人常有的毛病是，往地上一跪，请法师开示。怎么开示呢？有句话叫"无事不登三宝殿"，什么意思？要带着问题去。

心与禅相契相应才是佛法。

　　为什么讲三宝殿？因为寺院具备了佛、法、僧三宝，佛已经入灭，法是供在殿堂的藏经，佛不会讲话。那三藏十二部呢？那么多，无从看起，怎么办？因此，才有僧宝的出家人。他们做什么？深入经藏，把佛陀的道理、方法，佛陀的智慧转变为自己的，然后代表佛陀宣扬他的道理、方法。所谓"无事不登三宝殿"，是你带着问题到寺院去，把问题提出来，绝不是说你往他面前一跪，请求开示，他怎么开示？

　　这就如同生病的人跑到医院，见到医生说：我病了。医生会问你什么地方不舒服，情况怎么样。你说：反正我就是生病了。我们常看到，很多医生检查出病人没有病，可是他全身感觉不舒服，像这种情况，不叫病，也不是问题，可是自己的确感受到这里不舒服、那里不舒服。医生面对这种情况，即使花很多的时间帮你检查，也找不出病来。

　　众生其实都有"病"，释迦牟尼佛是一位"医生"，称为"大医王"。在这里提醒各位，医生是治病，佛陀是治生死，所以有"了生脱死"的说法。也顺便提一下，通常很多人把佛教的名词——"了生脱死"讲成"了脱生死"，我说句很不好听的话，你要是自杀了，就可以了脱生死。佛法里面讲"了生脱死"，"了"是明了，你活着的时候，每个时刻都能明明了了，才叫作"了生"。

人常常糊里糊涂，为什么？太多的烦恼、无明，甚至太多的无可奈何。所以，要了解生，就必须要有道理、方法，要有智慧才可以明明了了。如果生的问题，一生当中都能明明了了，死自然就能解脱。解脱什么？不是解脱臭皮囊，而是不再受六道轮回的苦，可以出离三界，才叫"了生而后脱死"。

生不能明了，死就解脱不了。为什么？色身死了，还是要随业在六道里轮回，需要承受苦的时候苦，该乐的时候乐。了生脱死绝不是一般所说的，好像生了了，死就解脱了。在佛法里面，释迦牟尼佛特别强调，"了"是明明了了，"脱"是解脱。解脱什么？于生，带着很多业而来，承受因与果的感报，一个个由因而受果，就一个个地解脱。

谈解脱，不是指一个解脱，任何善因或恶因，都会得到乐果或苦果，也就是说由因显果，完成一个解脱。因此，在学佛的过程中，对生要能明了，要做到当果报显现时，要欢欢喜喜地承受。乐的果都愿意承受，可是苦果呢？受不了，不单单受不了，很可能还会再造业。事实上，不只是苦果，乐果也会再造业。所以有句话，因业受果而再造业，白话怎讲？旧债没有算清，又欠了新的债。佛法提到觉悟，觉悟什么？

佛法是觉悟之法，想觉悟必须要学道理、方法，实际去修养，形成智慧。学佛就是学智慧，学了智慧有什么用？在人生道路上，面对业报显现时，可以欢喜承受，还能够修行办道。在这里提醒各位，佛弟子有出家的、在家的。出家在佛法的道路上，是专职的从业人员，那是天职。而在家学佛，如果把正当事业、工作放在次位，去把学佛放在第一位，那叫不务正业。

为什么出家一定要完全舍弃世俗的一切，一心一意地投入？因为在家没有那么多的时间深入经藏，没有办法花很多时间完成自己的修养，再去帮助更多的人。也因为这样，所以在家学佛不要不务正业，因为你的时间很有限。

我常说，在家学佛最简单、最方便，而且最不会欠债。不像出家人，四事供养都来自信徒，在深入经藏、修行办道时，如果不要在四事供养上造成亏欠，得先要回向供养的功德，剩下的才是自己的。出家学佛，从事佛法的专业人员，他要应付的太多。在家居士则不同，每个人的根机、智慧不一样，每个人的业力也都不一样，在学佛的道路上，所需要的也就不一样。

我说过，要做一位出家的法师真不容易，天上要知道一半，地上要全知道，这话怎么讲？你们处在现实生活中，因为忙于工作、忙于事业，很难去觉悟、去发现佛法，而出家人是帮助你在现实生活中有烦恼或遇着问题时，帮你分析问题，把烦恼分析得清清楚楚，烦恼、问题就不存在了。

可是几百年来，有一种不太好的现象——大家往往都只是在寻求答案。其实烦恼的问题，绝没有答案。如果在家学佛，带着问题去请教法师，法师分析问题的时候，你最好静静地听。可是有很多人会讲，我不是要听这些，你告诉我，现在我有问题，怎么办？就是想求得一个答案，然而没有答案的，是针对问题帮你分析，搞清楚了，问题自然不存在了，烦恼也是如此。

你说烦恼，烦恼什么？为什么一定要烦恼？可不可以不烦恼？这才是最要紧的。

如果说你烦恼，究竟烦恼什么？我不这么问你，而你也不讲出来，就没有办法帮你分析，可是很多人不希望我分析，他们会说："我有烦恼，你告诉我怎么办就好了。"很多法师会教你一个方法，譬如念佛、持咒、诵经、拜经，还有的拿香板揍你几下，说是这样烦恼就不在了，业就消了。还真有很多人心甘情愿跪下来挨几板子，被打得还蛮舒服的，可是你的烦恼解决了没有？业消了吗？

譬如不欢喜、难过，人家问你：怎么回事？你回答：有人毁谤我，不欢喜而难过。如果遇到我，我会骂你一顿，会讲"欠揍"两个字。为什么？学佛是要学觉悟，你提的问题，本来是迷惑、不了解，可是当法师问你的时候，你说不上为什么，反正我就是烦恼，你不要管我烦恼什么，你告诉我怎么办就好了。就变成了这个样子。

有句话，"烦恼中有菩提"，也可以说"烦恼即菩提"。我还要提醒各位，千万不要画蛇添足，又来个"菩提即烦恼"。"烦恼即菩提"没有错，如果"菩提即烦恼"，那就不要学佛了，怎么会有这种话呢？

烦恼人人都有，即使释迦牟尼佛也有烦恼，可能大家会想：释迦牟尼佛成佛了还有烦恼，那学佛做什么？你要听清楚我讲的话，一般人烦恼，是为自己烦恼，为家人烦恼，为你的亲戚朋友烦恼。而释迦牟尼佛烦恼，是为众生烦恼，他从来不为自己烦恼。这是最大的差别。

常常有人问我："你喜欢人家叫你什么？"我答道："老师父。"然后那人问："老师父，你有没有烦恼？"我说："有啊！""你出家那么久，学佛那么久还有烦恼，我们怎么办？"当然，我不是释迦牟尼佛，也不是说我为众生烦恼，我也有烦恼，为什么？寺院、常住，甚至各阶层、各式各样的人经常找我，怎么去应对这一切？只是我的烦恼比一般人的好一点，好在哪里？烦恼的时间较短，内容不会很复杂，比较单纯。

众生都有烦恼，佛法是帮你化解烦恼的道理、方法，在烦恼中显现菩提，是因为菩提在烦恼里面。人人都有烦恼，为什么见不到菩提？如果要咬文嚼字，会被业掩盖住。这是一个概念。其实烦恼里面存在着菩提，问题是你对佛法的道理、方法太陌生，没有机会运用它。如果对佛法有深入的认识理解，将其转变为自己的修养。烦恼来了，敢于面对烦恼。面对烦恼做什么？一样样地搞清楚，究竟为什么烦恼。清楚了，然后可不可以不烦恼？不要烦恼，该怎么办？这才是真正的问题。

学佛是要学智慧，唯有智慧才能帮助你，才能从烦恼中显现菩提。菩提是什么？"菩提"这个名词大家都知道，可是菩提的真实面目，大家见过没有？菩提是什么样子？过去很多禅师常讲一些叫人摸不着头脑的话，你说烦恼中有菩提，他会问你菩提是什么，拿给我看。像慧可在雪地里，为了求菩提达摩帮他化解问题，于是问："有安心法门吗？"菩提达摩问他："你要干什么？"他说："我心不安。"心不安就等于我讲的烦恼，烦恼什么？心不安，为什么不安？所以菩提达摩告诉他最简单的方式，问他：你的心在哪个地方？在什么位置？什么地方不安？慧可自己闭起眼睛，他找心，找不到，菩提达摩回复得很妙，居然说："你的心，我已经帮你安了。"

讲到这些，马上有很多人想到《楞严经》中的七处征心，心不在内，也不在外，这不是废话吗？可是大家都说：这是佛法，很微妙。等于说你有烦恼，我问你为什么烦恼？你不能够说我表面烦恼，我内心也烦恼。烦恼就是烦身恼心，你讲一大堆都是废话。

佛法在哪里？是在你的现实生活中有了问题，产生烦恼，从这中间去发现。发现要有本钱，什么本钱？世间法是相对的，你最多只能够取正面、舍负面，如此而已。譬如说善、恶，我们要作善的，不要作恶的。那对与错呢？对是好的，不要错的，也就是选择正面的，舍弃负面的。最多是如此。佛法呢？是要从相对中间去突破，显现它的绝对。

绝对是什么？大家知道，佛法特别讲究一个圆，可是我们要把握——它不是平面的圆，而是球状整体的圆，从任何一个方向看都是圆的。因为平面的圆，在某些方向看是圆的，换一个方向就不圆了，这种平面的圆，相当于相对法里面的"正"。

佛法中整体的圆，是讲圆觉之道的"圆"，圆满的"圆"。譬如念咒，后面有句"娑婆诃"，在大悲咒里每个位置的"娑婆诃"意思都不一样，可是每个咒语最后一句"娑婆诃"都是"圆满成就"的意思，也就是要到达圆满的成就。它不是一个平面的圆，它从任何角度看都没有缺失。

我们常说"觉"，如果讲自觉，自己能觉悟，也只是一个平面的圆。自觉又能觉他，还是一个平面的圆。不同的地方在哪里？自觉，完全只有自己，只管自己，自觉而又能觉他的话，是菩萨。

佛是什么？觉行圆满，圆满是整体的圆，就是现在讲的零缺点。世间法里面，有时会有自我安慰或安慰别人的方式，虽然不怎么圆满，可是也不错了。然而在佛法里面呢？那是不够的，但并不是一下子就能做到，这种整体的圆，是慢慢累积起来的。

例如圆形的西瓜，把它切成一片一片的，分开来看，这个圆有大、有小，绝不可能一个西瓜切开来，是一个整体的圆。但是，圆绝不是相同的大小，这等于是学佛觉悟所完成的智慧。任何大小的平面的圆，里面也有点、线，才能组合成一个平面的圆。而点与线所串联起来的，就是平常点点滴滴慢慢修养累积而成的。那要修养到什么程度？到所有的圆能够组合起来，完成一个整体的圆，你就成佛了，即使不成佛，也是八地以上的菩萨了。

因为八地、九地、十地属于等佛位，也就是相等于佛。当然学佛需要时间，不是一下子可以完成的。以我来讲，吃这碗饭已经八十一年了，到现在，整体的圆还不知道在哪里。就像我刚刚说的，我也会有烦恼，所不同的只是烦恼的时间比较短，烦恼的内容也比较简单。

虽然如此，大家不要这么想：你走这条路，已经走八十一年了，还这个样，我们该怎么办？儒家有句话，"朝闻道，夕死可矣"，就是早晨听闻道理，晚上死了，也可以了、没有关系了，虽然有点安慰的性质，但至少你来到人间，没有白跑一趟。这是讲现实生活中，人离不开烦恼，在烦恼中又的确有佛法。

　　到目前，我所知道的学佛的、追求佛法的人，还是有很多。但是，大多数人总希望简单一点、快速一点，这是很大的障碍。譬如修弥陀净土，念南无阿弥陀佛可以到西方极乐世界，既简单、又快速。我告诉各位，想到西方极乐世界没有那么简单、快速，一句"阿弥陀佛"你就能去吗？那我八十几年不就白活了？

　　弥陀净土里面提出了很多重点，你必须要懂得发现，理解佛法之所在，才有机会往生西方极乐世界。譬如四十八愿，有阿弥陀佛对自己的要求，以及对于想到极乐世界去的修行者的要求。还有九品莲台度众生，为什么要分成九品？怎么样才能够到上品上生？为什么要谈上品上生、花开见佛？还有一个关键性的问题，带业往生西方极乐世界，那是个法音世界，没有业报，那我们带着这些业到西方极乐世界去，怎么办？

　　业不净，不能成道，尤其是带业往生，是你发起想到西方极乐世界去的愿，从这时刻起，以前的业可以带走，一旦发起愿行以后，所造的业都带不走，一定要受报受完后才可以走。我常看到有些人在念佛，还带着儿女、孙子，一边念佛，一边照顾小孩。小孩喜欢乱跑，你在念佛，眼睛盯着小孩，这时候阿弥陀佛在哪里？西方极乐世界，并没有在你的念头上，没有在你的嘴里，也没有在你的心里。你的小孙子不是阿弥陀佛，只是个小孙子而已。所以说阿弥陀佛在哪里？在西方极乐世界。

我们平常根本没有机会跟阿弥陀佛打交道，要晓得《弥陀经》里面讲，要做到一心不乱，并不是说你平常念佛念到一心不乱，而是要在平常日子里慢慢去修养。修养到什么时刻？到临死的时候。《弥陀经》中讲道：若一日，若二日，直到若七日，在临死的那一刹那，要做到一心不乱，就可以往生。但是，并不是临死的那一刹那，就可以一心不乱，而是靠平常的修养慢慢累积起来的。

何况我前面也谈了一些关键性的问题，如果不能够从中了解它的道理、方法，不知道佛法在哪里，这些问题不能解决，同样去不了。即使能够做到这些，业障也很轻，也能够在九品莲台获得一个莲位，可能也只是下品下生。你要到上品上生，这个距离还很远。

要真正成为极乐世界的众生，上品上生花开了，才能见到阿弥陀佛，花未开之前，还是包在莲台里面。

所以我们说带业往生，怎么消那些业？业是一定要受报的，阿弥陀佛也不能代替你受。平常很多人做错事，到佛前忏悔，跪在那里讲一讲自己的不对、磕两个头就走了，以为把自己的错误交给佛，就跟自己没有关系了。为什么？因为他不知道佛法在哪里。

忏悔是什么意思？忏是检讨，悔是改错。你不检讨，只是表露一下，把所有的错都讲出来，这就完了吗？不是的，你得在佛前作自我检讨，发现自己的错误，以后不要再犯错，即使以后再犯，至少你的错愈来愈轻微，那才叫作忏悔。

我有时候会和别人开玩笑，偶尔遇到他们对我好像不太礼貌，或对我讲错话，他们马上跪下来说："师父，我不是故意的，我跟你忏悔。"我说："你跟我忏悔干什么？我又没有怪你，要怪就怪你自己。"这话什么意思？要知道佛法在哪里。自己做错了，只是承担，没有用，还要改错，不能够说做错了就去忏悔，忏悔完了，很欢喜，然后又犯错，犯错了又去忏悔……

一辈子都在忏悔，因为你从来不改过！

学佛不是在经典里找个东西，而是要了解经典里面的道理、方法。在家居士没有那么多的时间，但你可以带着问题求教法师，法师会告诉你怎么下手，怎么建立起一些基本的修养。这才叫作学佛，绝不可以一味地依赖。

以前我讲过，修弥陀净土的人，把它看得太简单，每天念南无阿弥陀佛。我问他念佛做什么？回答是要到西方极乐世界。我半开玩笑地说：如果想到美国去拿张绿卡，每天念"南无布什""南无布什"，他会给你一张绿卡吗？会让你去美国吗？移民到一个国家，都要合乎它的条件要求，何况是去西方极乐世界。所以，要知道佛法在哪里，一旦抓住了它的要领，所学的很喜欢，具备的条件也够，二者相辅相成，达到相应的境界，就可以随心所欲了，绝不是说东抓一把、西抓一把。

很多学佛的人，听人家说某某在哪里讲什么，不管什么法门，就一窝蜂地跟着去，回来以后，刚开始有效，过了一段时间，又听说那个好，又一窝蜂去学，一辈子就像海里的浪潮，一波一波撞来撞去，撞在沙滩上还好一点，要是撞到石头就惨了。为什么？因为他不会在现实生活中运用佛陀的道理和方法。

从这里面我们可以发现，学佛法要把握两个重点：学佛是学佛陀的智慧，学佛法就是学觉悟之法，千万不要学人。可是几百年来，在佛教界有一个大缺失，即都是讲某某祖师说、某某大师说、某某高僧说，从来不会说佛是怎么说的！因此，当他提不出祖师、大德、高僧说的话，就讲一大堆"佛说的"，其实是他自己说的。

什么是佛说的？佛说的在经典上可以找到，可是绝大多数学佛者都以人做对象，要知道即使是祖师、大师之类的高僧大德，学他，也只能跟他一样。有的人会说："学会了，跟他一样不是很好吗？"不是这样简单，你得了解他是不是真正已经到达佛陀的境界或菩萨的境界，有没有具备那种修养，不能只看表面。

看表面，佛有三十二相、八十随好。常有很多学佛的人，最喜欢的动作就是看看手、手掌、身体每一部分，有多少是三十二相，有多少是八十随好，找到几点，就欢喜得不得了，认为好像我有佛的根机了，其实你对佛还陌生得很，你只是在佛教里打转，并没有在佛教中真正寻找佛法、发现佛法。可是，要怎么寻找、怎么发现呢？

自己具备足够条件，可以在佛教的经典里寻找。至于发现，你可以亲近善知识，了解一些道理、方法，然后在现实生活中慢慢去体会、发现。但是绝不可以老是凭着眼睛看、耳朵听，把握了一些和佛教有关系的东西，就认为是佛法。不能够动不动就是因与果的问题、因与缘的问题，甚至念很多的名词。

譬如，前几天有位在家居士问我："什么叫'缘起性空'？"我问他："你要问的是哪一个'缘起'？"他感到很奇怪，不知我为何这样问。的确！你问的是哪一个缘起？你现在问什么问题，或者问什么事物，一定都有一个缘起。他愣在那里，我反问他，你知不知道"无始"？我们不是常说"无始以来"吗，为什么要讲"无始"？"无始"里面，有非常多的"有始"，"有始"就是一个"缘起"，这个"无始"包含了没有办法计算的"缘起"，它不是一个单一的"缘起"。

所以佛法的一个名词，"缘起而后性空"，"缘起"是什么？十二因缘法讲缘生缘灭，都是一些概念，显现不出佛法来。谈缘起性空，一定要针对一个东西谈它的缘起，进而谈如何达到性空。好像佛教里常有的一些名词"无"，譬如我无我，"无我"是没有"我"，没有"我"是什么人？是死人，活着的人都有"我"，绝不能说"无我"是没有"我"。"无"是什么意思？是从"有"上面去认识、了解，而能突破它的分别、计较、执着，显现另外一种现象，叫"无"。所以，"无"是从"有"的突破，可是还有附带的注解——"不一定"，为什么？有时候可以突破，有时候突不破。为什么突不破？修养不够，因此也有"不一定"。

"无"，是从"有"的突破显现，已经不同于原来的"有"，突破了原来的"有"，显现另外一种现象。假使烦恼是"有"，菩提就是"无"，如果说烦恼是"有"，菩提应该是"没有"。不能这样解释。

菩提不是"没有"，菩提是把烦恼搞清楚了、化解了。凭什么化解？一定是有所觉悟，这种现象就称为菩提。事实上，烦恼的"有"是"无"，它是从有的突破，所显的现象叫无，有时候做不到，并不是永远做不到，以后还是有机会做到的，所以叫"不一定"。

还有一个字，是非的"非"，我们把"非"当成一个否定词，譬如想、非想、非非想，否定、再否定，变成这样了。"非"是什么？譬如想，现在的"想"假使说是困扰的问题，经过思考、分析，经过自己的调整、改变，再产生的想叫非想，这是什么想？不同于原有的想，它的肯定结果是好的、有利益的。"非"是不同于原有的。我们都要把握这一些字，如果不把握，看经典时就很容易搞错。

又像非想非非想，是四无色定里的第四个，八定中间的第八个。第一个非想是从有想而来，已经突破了原来的有想，不同于原有的。后面的非非想呢？是说你的境界更高了。如果，原来你的想，是众生凡夫的想，突破之后，显现了菩萨的想，可以叫非想。如果再提升到佛的修养，就可以叫非非想，它已经不同于原来菩萨的想。所以，非是不同于原有，这个原有不是肯定的原有，它是不断地增上。这是学佛的人平常在学经典时，常产生的一些疑惑。

像很多人念阿（ㄛ，喔）弥陀佛，也有人念阿（ㄚ，啊）弥陀佛，甚至还有一些人说，念阿（ㄚ）弥陀佛可以往生西方极乐世界，念阿（ㄛ）弥陀佛会下地狱。他的意思是什么？要念阿（ㄚ）弥陀佛才对。问题在哪里？如果不了解的，就会说这是法师讲的，要这么念才对。其实错了，因为这只是梵文里面文字的差异。

念"ㄛ"是无的意思，我们讲无量寿、无量光。念"ㄚ"，譬如阿难，翻成中文是什么意思？庆喜，里面没有无的意思。可是另外一个名词怎么念都对，阿（ㄚ）罗汉、阿（ㄛ）罗汉都可以，为什么？念阿（ㄚ）罗汉翻成中文是应供，念阿（ㄛ）罗汉，翻成中文是无学的意思，就是无学位。一定要知道，发音念"ㄛ"，都是"无"的意思。你还告诉人家，念阿（ㄚ）弥陀佛可以去西方极乐世界，念阿（ㄛ）弥陀佛会下地狱，这真是害人不浅。

所以，因为听你说佛法，而把佛法搞错了，这位说佛法的人，要下拔舌地狱。什么叫作拔舌地狱？传说人死后到了地狱，把舌头拔出来，长长的，当成耕田的犁去犁田、犁土，要受那种罪、受那种苦报。所以有的时候，有很多出家师傅，你问他一些什么，他本身还没有把握之前，都会说：对不起，我是初学，对这方面还没有研究。你千万不要怪他，我认为这种人非常了不起了。真正有问题的人是他不懂，胡说八道，结果他自己受害，别人也跟着受害。

佛法到处都有，像家庭里面做母亲的。为什么出家人或佛教里面常讲，做母亲的真是活菩萨？因为一般人畏于苦、恐惧苦、害怕苦，可是做母亲的明知道苦，她不以为苦，菩萨就是于苦而不以为苦，她并不是说不苦，只是可以欢喜地去承受。

对于做母亲的苦，当然只有做母亲的人能体会，家庭里也不是只有母亲，但只要有华人的地方都会讲——有妈的孩子像个宝，没妈的孩子像根草。这话当然是称赞母亲的，不过话又说回来，父亲、母亲都是相同的，只是做父亲的没有承受生孩子的苦，虽然看见了会产生反应，可是毕竟不是亲身体验，虽然有"苦"这一份感情的显现，可是并不能做到不以为苦。

声闻乘中的罗汉，讲离苦得乐，而且很讨厌苦，不喜欢苦；菩萨就完全不同，面对苦还要不以为苦。所以，我们说菩萨的愿最大，这都是从现实生活中可以发现的。譬如有时候，有些父母会找我说："这孩子小时候很乖巧，什么都好，现在什么都不听了，很叛逆。"好像他的小孩变了，而爸爸、妈妈没有变。没错，真的是小孩变了，爸爸、妈妈没有变。爸爸、妈妈是把对小孩的认识停留在小宝宝的阶段，他们没有想过，自己是怎么从小孩子走过来的。

不管男人、女人，都有两个更年期，一是小孩变成成年人的更年期。生理上，从儿童转变为成年人，整个生理期的变化，有时连自己都不知道为什么会那样。这就等于很多夫妻从中年进入老年开始，假使先生或太太更年期先到，另一方就总是讲对方不讲道理：怎么你以前是那样，现在怎么会变得这么不好？这里面都有它的道理、方法。

人生的旅程少不了两个过程：一是成长，一是老化。在教育界常会提到，做父亲、母亲的对你的儿女，有时候要像个老师，有时候要像爸爸妈妈，有时候也要像朋友，为什么？我们佛教讲的，要具备三十二应身，面对什么样的人、什么样的时节因缘，在那时间、空间该怎么表现，怎么扮演你的角色，都是要思考的。

佛法在哪里？佛法不在殿堂，也不在书本、印刷品里，处处都有佛法，最明显地是在现实生活中。你在某些时间、空间里，自己在想什么？或遇到了些什么？开头是一种无明的状态，迷惑不了解，到原来如此，你就见到了佛法。佛法是有层次的，而觉悟有大有小，佛法谈层次是依于觉悟的内容来分的，从有缺点，慢慢减少缺点，到最后的零缺点，达到究竟圆满。

业是污垢、是肮脏的东西。那道呢？是清净。如果把业与道的道理，摆在现实生活中去发现的话，举个例子，大家思考一下：衣服脏了，怎么办？把它洗干净。假使衣服脏了是污垢，把它洗干净要有清洁剂、要有方法，这谁都懂，可是佛法在哪里？

　　首先，要了解谁把衣服穿脏了？是自己的"我"。穿脏了，谁去洗干净？还是我。是不是洗干净了，就把衣服摆在那里，不要再穿了？你还是会再穿，穿了以后还是会脏，脏了怎么办？再洗。佛法在哪里？就很容易明了了。只是有一个问题，不要忘了自己的"我"，如果忘了自己的"我"，就是自己的"我"跟衣服没有关系。像百货公司吊了很多的衣服，那是百货公司的，跟你的"我"没有关系，除非你哪天花钱买它，穿在身上，才算是自己的，才可以见道。

　　佛法没有那么玄妙，现实生活中到处都有，能显现觉悟，就能显现佛法。人之所以烦恼，是因为没有搞清楚烦恼。因此无明才叫烦恼，迷惑才叫烦恼，绝不是说，明了了、觉悟了还叫烦恼。虽然我拉拉杂杂谈了这些，其实在家学佛很简单，处处都可以见到佛法，但是如果只照世间的方式如法，还只是相对的法。

　　就像我之前所讲的相对，你最多取正舍负，譬如善恶，取善舍恶，如此而已，还是有缺点。像经典上面谈善恶，释迦牟尼佛分析人的业，有善、有恶，还有无记。什么是'无记'呢？善与恶弄不清楚，很难把它分辨清楚的叫"无记"。可是释迦牟尼佛从来没有把众生定位于善恶，这话怎么讲？经典上有善男子、善女人，并没有讲恶男子、恶女人。释迦牟尼佛不把众生归类于恶，所以他的言语都叫作善、不善等。这话什么意思？

善并不表示都是完完整整的善，其中也有不善；同样，不善里面也有其善。为什么说佛陀是个大慈悲的圣者？因为，他没有把人分为善人、恶人，尤其是他不舍弃世间的说法。可是他强调，怎样用智慧的方法去看众生，像《四十二章经》里面谈到的，度十善人不如度一恶人，就是度十个善良的人，不如度一个恶人。后面还有一句话，度十恶人不如度一比丘。

你看这句话，好像出家比丘比恶人还坏，你看，度十善人不如度一恶人，度十恶人不如度一比丘，佛法在哪里？度十个善人不如度一个恶人，是因为这一个恶人，很可能会伤害十个善人。为什么度十恶人不如度一比丘呢？因为度一位比丘，他可以度很多的恶人。

因此看经文，不能够照着文字解释，有句话叫"依文解义，三世佛冤"，照文字解释很容易造成谤佛、谤法。为什么我特别强调在现实生活中发现佛法？因为出家人只能够为你提供一些道理、方法，你真正要做的，还是自己在现实生活中去体会、发现，然后运用出家师父教你的一些道理、方法去面对，欢喜承受，这才是最要紧的。

现实生活中遇到了问题，怎样拿佛法解决？把佛法当武器，现实变成敌人，拿武器打敌人？那释迦牟尼佛太不慈悲了。因此不能用这种方式。学佛是学智慧，学智慧做什么？当面对无明、迷惑、烦恼时，能以智慧化解问题或障碍。

这样做，第一，不会再造业，第二个，当业显现的时候，可以欢喜承受。因为人都带着业来到这个世界，如果没有业，不可能来到这世界。讲到这里，可能有人会找茬，为什么？再来菩萨难道也有业吗？我肯定地告诉各位，再来的菩萨有当世的业，当世的什么业？再来菩萨一定有父母亲，生他、育他、养他，所欠的债务还是业，只是叫现世业，这种业很容易还清楚，也很容易化解。

当然，也不要看轻自己，不管出家、在家都有可能是再来菩萨。可是要把握当ㄣ的业，要还清楚、要化解。但是，也别太强调自己有善根、有佛缘，我就是佛，就是再来菩萨。那是很危险的事。关键问题在哪里？有没有真正学佛法，如果只是学佛、学名相是没用的；如果只是学人，不可能获得究竟解脱。唯有学佛法，才能得到究竟解脱。究竟解脱是什么？涅槃。

涅槃分有余涅槃、无余涅槃，最后还有一个究竟涅槃，究竟涅槃是最后圆满成就的结果。在这里要告诉各位，解脱不是死，涅槃也不是死。解脱是指有任何的障碍都能把它化解掉，而涅槃是指不再受六道轮回而超越三界，最终成佛、成菩萨。但是菩萨要达到究竟涅槃，需到八地以上，八地以前还不是。四地到七地是有无余的样子，还不是无余；初地到四地是有余进入到无余。所以，涅槃不是死。我常听到一些笑话：某人涅槃了，其实是说他死了，这个不能混为一谈，涅槃是道的最后一种境界。

佛法不是举些例子、找些问题就能抓住的，关键还需要学习佛陀的道理、方法，学习还不够，一定要在现实生活中去修行，才有机会把佛陀的智慧转变为自己的。唯有将智慧转变为自己的，自己才做得了主。

如来的解释是如此地来，如此地去，来来去去，永不休息，也就是圆满的智慧、觉悟，得到究竟解脱，进入究竟涅槃。可是达到究竟涅槃的境界是佛的境界，菩萨完成了无余涅槃，就有究竟涅槃的机会，在没有成佛之前，不能进入究竟涅槃的境界。佛是依于自己的愿力而建立起世界，菩萨依于愿，只能做佛的协士帮助佛陀，而不是自己发个愿就可以建立起一个世界。像阿弥陀佛有极乐世界的愿，身边有观世音菩萨、大势至菩萨帮助他，他们都被称为协士，是协助他的菩萨，他们的愿只能做助手，不能成为愿力世界的教主。

在这里提醒大家，我不是要指点迷津，只是谈些理论的概念。今晚耽误大家的时间在这里陪我坐这么久，谢谢各位！

1991 年 11 月 27 日

新加坡演讲

一切唯心所造。

| 修行是一辈子的事 |

今天的主题，是有关修行的问题。修行，如果不知道其要领，会把方向弄错，而修养是从修行慢慢累积起来所完成的内涵。

修行是什么？修正我们的行为，谈的是身、口、意，也就是身体的行为、言语的行为、意念的行为。身体和言语的行为，是外表的行为，人人能看得到、听得到的，而意念的行为是内在的行为，别人用肉眼看不到的。可是，身体的行为、言语的行为，发起的力量，来自于意念，也就是内在的行为，它完成一种力量，使身体、言语表现行为。

人的行为表现，往往依于自己的意念，以自我意识去表现。在这中间你会发现，每个人的知识、经验中，所完成的修养有多少，就能确定行为表现的好坏。因为，依于自我的意念往往使身体、言语行为表现得不理想，甚至会造成伤害，所以我们才要去修行。

经典里谈修行，是修正身、口、意的行为，可是太多学佛的人，把修行当成找个法门照着去做。昨晚，我提到找些方法——念佛、学密、学禅、学净土……找个方法是因为自己还不能做主，需要依赖，使身、口、意行为不要有偏差，造成伤害。

修行人刚开始依赖这些是必需的，但是，绝不是永远地依赖就能有修养，就能培养智慧、求得解脱，甚至证得道业，而是要从身、口、意上面去着手，唯有身、口、意的行为做得了主，才不会犯错、造成伤害，甚至还可以帮助别人得到利益。这里要说明一点，帮助别人得到利益，首先，自己要得到利益，也就是说自己先要有修行，完成修养才行。

至于求解脱、证得涅槃，解脱是修行的整个过程去表现的行为，它包括外在的、内在的。而涅槃是最后的目的。

为什么要修正身、口、意行为？因为，在现实生活中，为人处世，像工作、事业、学业，或多或少会伤害别人，或使自己受到伤害。因此，才要去修行。

佛陀的道理、方法教我们去调节身、口、意行为，使之不要出错，不要造成伤害，得到利益。久而久之，你就会发现，在修行的过程中，欢欢喜喜承受它的果报，不管是善的、恶的，或苦的、乐的，业报受完，清净了，可以成就道业。此漫长的过程即是修行。

修行到达圆满的境界，就是最后的结果。我提醒各位，不管你修什么法门，都只是暂时的依赖，这点要特别注意，不能永远都只依赖这些。不是常有这种现象吗？譬如，你到寺院，听佛法介绍，这时自己可以做主了，心里面也很清净、欢喜。可是，一旦法会结束，当你走在回家的路上，原来的问题还是存在，那是为什么？

因为，法会只是让你暂时完成心理目标上的转移，除非你在法会中能得到好处。所谓好处就是价值，什么价值？从道理、方法中，发现你平常所不知道的，去理解它，比平常知道的更深入、更增上，当法会结束，走在回家的路上，就会欢欢喜喜的。然而，不是参与法会时的欢欢喜喜，而是事后要欢喜得起来。这种欢喜，就是你得到的利益。

所以，我们常说，学佛要去学智慧，在现实生活中，才不会被迷惑、才不会起烦恼，最后就可以表现出修养。可是，要怎么样去着手？我提出"三多"政策，什么叫"三多"？多看、多听、多问。

多看，看什么？不管是看经典，看别人的行为表现，还是参与共修法会，都可以。在这里讲多看，不是单一的看，譬如说看经典，经典并不容易了解，因为有太多的名词、名相，所以，要去看不同的注解、不同的心得、不同的特色。看了还不够，还会有问题，没有关系，至少你已经收到很多的资讯，看完了有问题，要去问。

一般讲开示，开示什么？当你有问题去请教，不能只问一个人，而要问不同的人，在这中间会汇集很多资讯，多看了，也多问了，还要多听人家讲。为什么要多听人家讲？因为同一部经典，自己看了，有问题去问，再听别人讲，在这一过程中，就会汇集到更多的资讯，才有比较的机会，才能去选择，但是，这种比较、选择不是一次可以完成的。

譬如，刚开始你会从很多资讯中比较、选择，选择多了，还要再做比较，比较之后再选择，最后才会找到你自己所需要的。讲到这里，可能大家会有直觉的反应：那要花多少时间？

修行是一辈子的事，成就是在一刹那间。也就是说，刚开始，必须要尽可能多次地去接触，才会有机会去认识、了解、发现。然而，那并不表示是去发现经典里面的关键点，譬如说成就道业的法门，不是发现这些，而是发现自己究竟适合什么、喜欢什么。

佛教的经典那么多，不是别人告诉你，什么经典最好，就去研究那部经典，而是多接触，从中去认识、了解，发现自己喜不喜欢。如果喜欢，还要考量自己具备的条件够不够，这里面就关系到时间、空间，以及本身具备的根机、智慧。你喜欢而条件又具足，这时候就可以抓住它，不要再改变了。

到目前为止，大多数的人一开始就想抓住些什么，或者抓一点，做一做不行，换一个抓一点，过一段时间不行，又换，抓来抓去，最后不知道自己在做什么，这是学佛没有得到要领。因此，多看、多听、多问是汇集资讯，充实自己知识、经验的最好的方法。如此，是不是就可以发现自我、调理自我、改变自我？那又涉及平常所讲的法门。法门从哪里来？中国佛教有十大学派，你不一定要统统会，即使是一个学派，也不一定要统统会。你在里面抓住一样，就可以找到方法。

譬如《法华经》，一部《法华经》里面有很多品，从中抓住一品就够了。为什么在日本，依于《法华经》里面的几品，就能建立起一宗？因为在家学佛，不可能有那么多时间，可是一定要把握，刚开始千万不要一下就想抓住一点什么，应该多接触、多汇集资讯，在这中间慢慢地去认识、了解，然后发现自己。就像盖房子，基础打好了，想盖什么样式，都没有问题。如果只想盖房子，不在乎基础，房子再漂亮也维持不了多久。

我接着介绍一些法门。首先要知道一些观念，佛教依于十大学派，只有两个法门可以即身成佛，也就是当生可以成佛：一是禅宗，一是密宗。可是这里所讲的密宗不是日本的东密、西藏的藏密，而是藏经里面的密教部。在这里要解释一下，学密绝不是说去学一个密法、念一个咒语、结一个手印，然后做观想，一辈子守着这个东西，那是不可能成佛的，最多只能说依赖它，少做一些错事而已，要见道很难。

因为，真正的密宗，有它的仪轨，而且相关的咒语也不止一个。就算是密宗里面的法，也关系到很多的咒语，以及一些仪式的进行，甚至关系到戒律的要求。很多规范，绝不是时下所讲的，教你一个咒语，结一个手印，去观想，就是学密。要即身成佛，没有那么简单。

禅宗也可以即身成佛。但是，禅宗比学密还苦、还难。以密宗来讲，以前西藏的密勒日巴，苦行到什么程度？在苦行的中间显现了多少的因果感报？当然密勒日巴并没有成佛，只是他无始以来的业、过去世已经清净了，可是当生的业，因为做了太多的恶法，造成了伤害，所以他没有机会成佛。禅宗里面的苦比他更苦。禅宗的苦在哪里？在你心性的磨炼。

布袋和尚（弥勒菩萨的化身）行修忍波罗蜜时，

人家打他，他躺在地上，跟人家说："我站着比你块头大、个子高，你打我很累，我躺在地上，你用脚踢，会舒服一点。"话又说回来，这种境界并不高，因为人家打他，他已经挨打了。真正有修养的人，人家一出手，不会先挨打，可以躲过去的。如果人家打你一个耳光，你还捂着脸说你为什么打我，那是没有修养的，为什么？忍波罗蜜的忍又在哪里？

忍波罗蜜讲什么？安忍。一般讲忍叫忍辱，梵文不叫忍辱，而叫安忍，平安的安。安忍是什么？首先人家打你，你捂着脸问他为什么打你，已经不安了。依禅宗的心性磨炼，要跟自己过不去，要自己给自己找麻烦，随时随地都要照顾自己的起心动念，感觉有一点点太过于安乐，有太多的空闲，这时便是精进的时刻，唯有精进才不会有太多的空闲，才不会懈怠、放逸。

除了心性磨炼外，还要懂得许多的道理、方法，至少要知道禅定的修养。很多人谈禅定，都以为是盘着腿，坐在那里，眼睛一闭，什么都不想，入定了，叫禅定。土地公木雕像坐在那里，一天到晚都不动，而且每个土地庙都挂布条子——"有求必应"。但其实木头和去祈求的人，一点关系都没有。因此，禅定绝不是盘着腿，静下来，就入定了。

什么叫入定？定，我们讲四禅八定，先要从四禅天着手，然后进入到四禅定，四禅定完成了，再进入到四无色定，最后进入到灭尽定。讲了这么多，都只是些名词。修四禅天有禅定的样子，但最多只能到天道，甚至你把四禅定、四无色定完成了，还是在三界内，为什么？只到达无色界的境界，并不表示就能成佛、成菩萨，必须要到达第九定灭尽定。什么叫灭尽定？于生不再起，于灭也不需要了，这是涅槃的境界。

话又说回来，进入涅槃不一定就是佛，还得看你的愿力世界，这是依于成就佛陀的条件，完成的法身，具备变化身的条件。佛也有定的境界，佛陀定的境界叫什么？如来"定"的境界叫"那伽定"。

"那伽定"翻译成中文意思是出入静动自由，不受限制。到达佛的境界就具备这种定的修养，从四禅天到最后一心到乐。什么乐？也是依于禅定的思想，内在的包括想念跟意念，里面充满了乐，才能完成四禅天，到达了这种境界，才有机会进入四禅定的初禅、二禅、三禅、四禅。四禅定，是在四禅天的基础打好上，慢慢提升的一种境界，这并没有什么了不起，每个人随时都可以做到。只是能不能够维持下去就因人而异了。偶发的四禅定境界，在生命过程中，都可以发生，可是以禅宗修养来讲是不够的，必须要进入到四无色定的空处定。

空处定是什么？就是把原有乐的境界，平静下来，凡所有的"有"都已进入空，也就是说在意念中没有我。没有我，拿什么去修呢？因为他在的没有物质的、精神的，我的存在，而完全定位于法的我，可是，它还是空的境界。

所以，往往四禅定完成，进入到空处定时，最容易着魔，着什么魔？色、受、想、行、识的五阴魔，因为他一切皆空，就会变成这样子。因此，空处之后要进入到识处，就是我们讲的认识的识或者唯识学的识。识是什么？是了别，要明了辨别，即是要明辨是非，不参与是非的境界。进入识处以后，可能局限于时间、空间，还是有一个范围，要提升到遍一切处，不管什么样的地方、人、事、问题发生，都做得了主。如此，并不表示完成了，为什么？你要想，粗的现象可以做到，还有细的，甚至微细的现象，能不能做到？这就要到达第八定——非想非非想。

这里不做太多解释，只是谈禅宗修禅定的基本功夫。至于禅，我们谈到些观法，譬如说不净观、白骨观，谈这些观法，大家要了解，不要搞错方向。不净观一定是太过于执着漂亮、潇洒、帅气，或产生欲望，有这种欲望就是不净。观不净是什么意思？因为有这种执着，才叫你去观不净。如果这种执着不会造成道的障碍，也不需要不净观。白骨观也是如此，太过于执着——执着于自己的生命。

当然，观法太多，至少在般若部里谈到，有八种想观，其实加起来应该有十六种想观。在这里不谈这些理论，只谈一些概念，而禅宗也不是一般人所讲的修禅定就可以了。禅是什么？外表是静态的，内在是动态的，所谓外静内动。因为，它必须要运用思想、发挥智慧，运用思想要有条件，要靠平常的修养慢慢形成，要磨炼自己的心性，磨到没有火气、没有自我。

　　至于修净土，昨晚我提了一些概念，只是念南无阿弥陀佛不够，必须要知道四十八愿里面的内容，还要搞清楚九品莲台，以及带业往生的问题。如果这些搞不清楚，只念南无阿弥陀佛，对西方极乐世界太陌生，对阿弥陀佛也都是陌生的。

　　很多人说念佛愈简单愈好，譬如念阿弥陀佛，连"南无"两个字都不要了，在那里"阿弥陀佛、阿弥陀佛"地念。我告诉各位，你拼命地念阿弥陀佛，阿弥陀佛也一直在问你"叫我做什么"，你却始终不回答。因此，真正念阿弥陀佛，必须要加上"南无"两个字。"南无"是什么意思？亲近、依靠。所以，有些人把佛法浓缩到比现在的速食还简单，那并不正确。

　　当然，佛法里面涉及的法门，有学理的，从学理中可以发现法门，也有专门的方法，从里面也可以发现法门。譬如说"六波罗蜜"，翻成中文为"到彼岸"，如果加上前面的字，讲忍波罗蜜，"忍"就可以到彼岸。而忍到彼岸做什么？从苦的方面，如果能忍就能到乐彼岸。概念上是死的，可是要了解，忍是一种方法，必须要懂得忍的方法，才能离苦得乐，才能到达彼岸。

又说"忍"，佛法里面的忍——别人毁谤我、伤害我，我忍了，但还不能讲出来，讲出来就不是忍。

这是因为不懂忍的方法，只知道忍可以到彼岸。忍是要安忍，如果自己的心性或意念不能安定下来，那叫压迫自己、抑制自己。六波罗蜜是六种方法，在现实生活中遇到障碍要能用这些方法突破，离苦得乐，此快乐是法乐——佛法之乐。所以六波罗蜜，真正讲的是六种方法，这六种方法可以帮助你离苦得乐。"到彼岸"要这么去认识。

然而，六波罗蜜只是个基础，《般若经》里面谈到十波罗蜜、九十波罗蜜等等，从粗慢慢发展到细。像受戒，在家居士刚开始受五戒，慢慢受菩萨戒。又像出家的戒律，那么多的戒，也是从粗的、基本的戒，慢慢愈来愈细。

佛法由粗到细，譬如烦恼来了，至少可以有方法沉住气，因为人绝不会无缘无故生起烦恼，一定是因人、事而起烦恼。如果平常在修行上面下足功夫，具备了一些修养，当人或事引发烦恼时就比较能沉住气。

谈戒、定、慧做什么？戒是因为人会造成违犯、侵犯。这种侵犯是什么意思？会造成伤害，所以需要有戒。翻成白话是不犯为戒，也就是不会去侵犯他，就不会造成伤害，就是学戒守戒。

定是不乱，譬如说，烦恼快起来了，首先要能定下来，不要使自己乱了阵脚，而且不要马上去反对或对立。所谓反对、对立是什么？反对是拒绝听对方讲的，说，你错了，不可以这样，不应该这样对我。然而，不能这样就算了，需要用智慧去处理这些问题，烦恼才不会生起。

学佛是学戒、定、慧，学了它，可以达到无漏的境界。可是我们常常喜欢自作聪明，拿戒、定、慧对付贪、嗔、痴，这是我昨晚所讲的，我们以为戒、定、慧是武器，贪、嗔、痴是敌人，拿武器去打敌人，去消灭贪、嗔、痴。常常有人讲，勤修戒、定、慧，消除贪、嗔、痴，这不是佛讲的，而是人说的。戒、定、慧是从修行而得到的，贪、嗔、痴是业，也是造作而成的。因此，戒、定、慧绝不是拿来当武器对付敌人用的。

所以，修个法门，学了这法门以后，这辈子就守着这个法门。在家学佛没有那么啰唆，是最简单的。譬如说戒、定、慧，每天你的戒，不一定守得很严谨，可是，至少你每天都在学着做，那就不得了了，像五戒，每天都学着做，就已经很不错了。

譬如定，在家居士，每天除了工作、吃饭、睡觉外，剩下来的时间，如果有三分钟到五分钟能够完全静下来，不只是粗的意念没有了，连细的意念都不会产生了，那就是位大修行人了。大家可能会认为这太夸张了吧！三五分钟不是很简单吗？大家如果不相信，回去试试看，让自己静下来，闹钟最好不要有滴答声，设定三分钟或五分钟。为什么？因为听滴答声，也可以听个三五分钟，那就不是修行。

智慧的慧可以说是从多看、多听、多问慢慢形成的。佛法经典上谈智慧，"智"叫"阇那"，翻成中文就是知识跟经验。世俗也有智，也就是世俗也有知识、经验。其实佛教里的道理、方法，也是知识、经验。总括起来，世间的以及经典上的，都叫作智。"慧"

是般若，它是什么意思？运用已经有的知识、经验，使它表现出来，产生价值，而且这种价值肯定是有利益的、好的。慧以智为基础——拥有的智愈多，表现出来的慧的力量就愈大，拥有的智少，表现的慧的力量就小。

从昨晚到现在，我所讲的都是智，把这些智运用在现实生活中，最后所显现出来的就是慧，就是般若。所以，阇那、般若，不了解它的含义，往往会把智跟慧放在一起，其实，它们还是有分别的，这都是学佛的基本观念。

谈到这里，好像还没有进入这次的主题——"开拓自我"。其实如果依照前面谈的道理、方法去做，现在你们就已经有本事开拓自我了。怎么说呢？

学佛的人容易犯一种毛病，总认为自己体弱多病、运气不好或遇到种种困难都是因为业重的关系。如果这么说，有谁业不重呢？说业障重，是善业重，还是恶业重？善业是乐，恶业是苦，可见谈"业障"还得要知道业的成分，要说得出是善业还是恶业呢！其实不论是善或恶，成障碍的才是问题，否则善、恶不过是造作行为完成的"因"而已。当下欢喜承受可使之化解，将不致成为障碍，可是人们往往将不好的归咎于业障，说是业障太重。所以平常若有人问我："老师父，是不是我业障太重了？我老是遇到阻碍。"我会开玩笑地说："你是不是善业太重了？"他说："应该是恶业！"接着我问他："既然是恶业太重，怎么你还有这么多空闲去烦恼？"

人生有苦有乐，这是没办法的事，毕竟无始以来，人所造作的业实在太多了！但是既然能造作成业，为什么不能修行成道呢？这两种不同样是行为吗？每个人的"我"不仅仅是那个代表性的名字，人人都有不同的知识、经验、遭遇和因缘，尤其是我们各人有各人的潜力！

当火灾发生时，父母常不顾性命抢救自己的孩子，那是种潜力。甚至也有在火灾发生时，独自在家的女主人不顾一切冲进房里将贵重的东西一箱箱迅速搬出屋外，等到消防人员赶到灭了火，人家看她瘫坐在那一大堆箱子上面，就问她："是谁帮你把这些东西搬出来的啊？"她说："是我自己！"再问她能不能把箱子搬回屋里去，她看一看，摇摇头说："没办法！"这也是潜力。在最紧要的关头往往能显现出一个人惊人的潜在能力！

每个人都有他的潜力，这种潜力需要"因"与"缘"来引发，可是"缘"要我们去寻找，绝不可能坐在那里枯等"缘"，缘就会来到。缘，有待寻找，但不是攀附，不是攀缘。寻找什么呢？事实上，现实生活中的每一天，我们无不是在追寻！可是如果用侥幸、幻想、理想主义的方式去寻找，那是什么都找不到的。所以佛法才告诉我们道理、方法，在"八正道"里也提示有"正念"，要我们观照自己的意念，看它是不是正当。虽然意念正当未必就具足"缘"，不过，起而追寻，可能会得到机会。若只是等待，恐怕永远也等不到机会。

缘，不会自动找上你。寻找，或将是个引发潜力的机会。再说一个有趣的现象：花钱买彩券就会有中奖的机会，不是吗？可是如果连彩券都不买，只希望中奖，那是不可能的事！当然，这只是譬喻，不是鼓励大家去买彩券。从生活上浅显易懂的事来谈，能使佛法的道理、方法更容易理解。可是现实生活中究竟要怎么去开拓自我呢？人都认为自己最了解自己，其实我们最不了解的，就是自己的那个"我"。为什么？我们可以清清楚楚地看见别人错在哪里、有什么缺点，可是自己的那个"我"，即便错了仍一个劲儿地找理由掩护。

佛法告诉我们如何去调理自己的那个"我"，将业我转变为道我。当然这种转变不会像操作电源开关那么简单，而必须从修行上面下功夫，得脚踏实地地从身体、言语、意念的行为上着手。

佛法强调"自我的调理"，提示人们从身体、言语、意念的行为着手，因为现实生活中的人与事，无不是从身体、言语的行为发展出来的。身体、言语的行为，来自于内在意念的推动。换句话说，意念是种力量，身体、言语是工具，由力量推动工具，才会有所表现。可见，修行不离现实生活，处处有发现自我的机会。

不过，这很可能只是一种分别的自我意识，需要借助自我的调理来达到改变的目的。

调理自我涉及五蕴的问题，需要进一步认识"我"的内涵，也就是"五蕴"——心的变化作用。例如人与事的问题一发生，引发了色蕴。从所看、所听、所接触到的种种，生起喜欢或讨厌的"分别"与"感受"，接着就会想到要怎么做，做了之后，完成结果。

"想"是五蕴的想蕴，想到"怎么做"就是"行"，"想""行"的最后会得到"识"的结果，也就是经过认识而肯定的一个结果。

例如口渴了，最好的方法是喝水。除了水以外，也可以选择其他饮品止渴，但这些都是世间的现象。佛法告诉我们的是：只要是能帮你止渴的方法都是对的，喜欢、不喜欢是另一回事，这时候的目的是要止渴，喝什么都可以。但是人就是习惯做选择，如果这时候倒一杯热茶给你，你可能会生气地说："为什么给我一杯那么烫的东西？"

一个真正有修行、有修养的人不会这样。口渴的时候猛灌冰水，冰水喝得愈多愈不解渴，而且这样会让人心烦意乱，边喝边冒汗，连静都静不下来，意念中当然除了渴还是渴。相反的，如果喝的是一杯热茶，就算再渴都得耐心地慢慢吹凉它，每次只能喝那么一点点，边吹边喝，所以早将意念中那个"渴"的念头摆在一旁了，眼前就只有"慢慢来，吹一下，喝一下"的意念。

这么来说，可能大家会想：这是佛法吗？其实修行就是这么慢慢来的！所谓"十字街头好参禅""平常心即是道""处处皆佛法"……为什么会有这些说法？那无非是要我们好好地发挥自我的潜力。其实每个人或多或少懂得一些道理与方法，也有些修养，但为什么一面对缘境就不能表现出来？听别人讲，好像自己都会，也都懂，真正遇到了却不是那么一回事。那么问题到底出在哪里？这就是我说的"有智无慧"，不能将"智"发挥成为力来用，显现出"慧"来。

人的这个自我，要培养知识、经验，丰富"智"的内涵，才能在面对人与事时，在问题发生或烦恼生起的时刻，运用平常所积累的素材化解问题。一旦问题化解了，显现的就是般若，就是慧，原先的问题即归之于价值、饶益的结果。所以，学佛要把握的大前提是：时时刻刻提醒自己，不论身体、言语，还是意念的行为，都不要伤害别人，也不要使自己受到伤害。佛教徒一般来说可以做到不伤害别人，却难保自己不受到伤害，甚至在别人亏欠自己的情况下还会一再找理由说："唉，算了！就算是前一世我欠你的……"这只能算是佛教徒，谈不上修养跟智慧。

有些人向我提出相似的问题："老师父，我参加了一个互助会，会头垮了，会也倒了，我还要不要他还钱？"我说："打会也好，借钱也好，发生这种状况，对方怎么说都欠了你，当然该还。"乍听之下，他说不定觉得：你这个老师父怎么那么不慈悲！其实他这么想也无可厚非，因为他的那个"我"在修行上还没有完成修养。

佛法谈因果、讲求现实，也强调把握现在。有"欠"，就要"还"，不能自我安慰说"大概是前世欠他的，算了吧！"万一前世你不欠他，该怎么办？这一类的问题关系到佛法的智慧与修养。

如果现在对方没有能力还，还是要告诉他："有钱的时候一定要还。不能一次还清的话，也可以采取分期的方式慢慢还，反正你欠我的，一定要还清！"绝不可任意推断说："算了！大概前世欠你的，不跟你要了。"说不要很简单，可是如果有一天，你的修行到达某一境界，要出离六道、超出三界，成佛、成菩萨去了，那个欠你钱的人却说："等一下，你还不能走，我还欠你钱呢。"那你怎么办？所以不要以为"不要了"就可以解决问题，更不要任意地用"过去世、前一世"的说法搪塞过去。那些关于某生某世的事，是未达某种修养境界的我们很难去理解的。摆在眼前的、记忆中可以认知或做到的事，才是可以把握、肯定的。

佛法谈因果，这之中少不了因缘，谈因缘，也一定关系到因果。一般人只谈"一因一果"，谈"前一世种什么因，这一世受什么果"，却不知尚有"一因一果""一因多果""多因一果""多因多果"的关系。因果的问题非常复杂，这里暂且不谈，但至少要知道"不要伤害别人，也不要使自己受到伤害"这个原则。

不伤害别人，这比较容易做到，如果还要使自己不受到伤害，就必须具备修养与智慧。这些都是佛法的大前提。起步之初，难免不甚理想，或多或少有些缺点。不过，修行办道是一辈子的事，当你的缺点愈来愈少，身、口、意的表现愈来愈完美，最后能做到零缺点时，也就完成了一个整体的"圆"。

所以学佛要把握一些前提、原则。任何的法门，都只是暂时的依赖，真正的修行还是要从身、口、意的行为上着手。现实生活里，每一个"我"都不断地在跟"他我"发生关系（这个"他我"包含人、事、物，以及其他的），里边涉及许多因缘法则及因果关系。所以，如果只用单一的方式看，不能于其中普遍地深入认识，它最后的结果通常是"自我意识"或"盲目听信别人"，那个"我"仍不能成为修养。因为自己从不在行为上调理、修正，当然在这方面也就不可能成为修养，不能成为修养，自然无从表现智慧。

于戒、定、慧，不也是如此吗？很多学佛的人以为修行就是要"勤修戒、定、慧以消灭贪、嗔、痴"。可是为什么我说不可以用这种"对法"来处理问题？世间法是相对的，然而人的"贪、嗔、痴"的现象，若要有所改善、提升，唯有修养它。怎么修？依戒、定、慧而从事修养。所以"贪"须依戒、定、慧而修养，"嗔"也需要戒、定、慧，"痴"还是需要戒、定、慧。除此之外，人不只有贪、嗔、痴的问题，除了贪、嗔、痴之外，人还有慢与见。

"慢"是什么？就是傲慢；"见"有"我见、邪见"的问题。所以绝不是拿一个去对治一个，学佛不可以用"对法"的方式去面对，佛法也绝不是相对法！听我这么说，可能有的人会这么想：六祖惠能大师语录后面不就有个"三十六对法"吗？怎么说没有对法呢？别忘了，惠能大师是人，不是佛。我们要学的，是佛法，不是人法。之前我也特别提醒了，不要总是谈"某某祖师说……""某某大师说……"学佛，就要学习释迦牟尼佛的道理和方法。即使是我，虽然我学佛这么久了，你们还是不能学我。

有的人看我年龄这么大了，不怎么显老，会向我请教养生之道。也有人因为我学佛很久了，希望我告诉他修行的简易方法。通常我会说："很惭愧！释迦牟尼佛从出生到出家，以至修行成道，都还花了那么久的时间，更何况他本来就是佛呢！"如果我有简易的修行方法，我不会现在还同一般人一样吃进去是香的，拉出来是臭的。所以有的电视、报纸等媒体报道或坊间传说，谈某人如何快速成就，或说某人是菩萨再来，是现在佛，等等。听闻如此，我只能说："唉！如果真是这样，释迦牟尼佛岂不是太笨了？相形之下，现在的人多聪明！"

真是这样吗？就算是肚子饿，吃一顿饭也没那么简单！即使有饭有菜，吃得肚子撑了，也不一定是"饱"。什么是饱？什么又是饿？关键在于营养。如果营养不够，吃得再饱再撑，还是"饿"。饿了，是一种病态。"饱"也不是吃胀了的那个自我意识，而是身体所需要的营养均衡俱全。

一旦感觉身体有某个地方不舒服，一定是某方面的营养不够。所以有些中医或西医的医师和我谈佛法的问题时，我会建议他们："不是有什么病给什么药就好，应以菩萨的心肠、佛弟子的心态看待病人。要告诉病人，他之所以有病，是因为营养不够，并告诉他所欠缺的营养是什么，提醒他补充这方面的营养。"如果医师只针对某种病开药，病人吃了以后，或许这个病好了，还会出现另一种病，最后还是在病里打转。但如果提醒他有关营养的问题，告诉他怎么吃才健康，他可以减少病的机会。医师行医的目的不只是开药医病，是希望他人有病时可以为他将病治好，并希望他不再生病。

一般的医师只能治疗色身的病，但释迦牟尼佛治的是受轮回果报的病，而且是彻底地解决，所以我们称释迦牟尼佛为"大医王"。他告诉我们，生老病死是生命过程里不可避免的现象，即使能离苦得乐也只是暂时的，还不究竟，除非不再到这世界上来受轮回。谈到这一点，我想起有些人对佛教的质疑，他们说："如果每个人都像你们出家人一样，这世界不就没有人了吗？"听着这样的说法，有时候我会说："没有人不是更好吗？"

其他宗教的宗旨和佛教不一样，可是其他宗教认为人来到这个世界上有种种的问题，而这个"人会来到这世界"的根本问题，最后还是要佛教的佛法才能解决。他们质疑："如果大家都像出家人一样不结婚，岂不是没有后代子孙了吗？"可是，每个人都能出家吗？这是不可能的！更何况这世上除了佛教以外，也还有其他的宗教；如果佛教的比丘、比丘尼不结婚，会使人类绝灭，天主教不也有不结婚的修女、修士、神父？为什么没有人担心他们？人类绝灭几乎是不可能的事！即使佛运发扬光大了，佛教也还存在在家、出家的制度！

这些现象，源于他们将"我"摆在自己的定位上，没有好好地去开发自己的那个"我"。开发自我，在于如何不将"我"局限在狭小的范围里分别、计较、执着，不以强烈的自我意识面对人、事。这要靠平常行为的真修实养，修行是修自我的行为。

禅门里说"明心见性"。"明心"的"心"就是"我"，"见性"是能见佛性。"见"还有另一种含义，即显现的"现"。也就是说，如果于自己的"我"能够明明了了，并如此地终其一生，最后佛性自然也就显现了。

经典中常有"佛性如明珠"的譬喻。这个譬喻的关键在于，佛法不是明珠，明珠只是个物质体。可是，既然佛性有如明珠，何以佛性不能显现？因为无始以来所造作的业太多，犹如污垢覆盖了明珠。

如果说，明珠是佛性，污垢是业，只说对了一半。污垢的确是业，但明珠非佛性，明珠的光泽才是佛性，由于脏污掩盖了明珠的光泽，所以佛性不得显现，否则如果只是个珠子被脏污覆盖，与自己何干？佛性的本质、本体是"空相"，不是物质体，可空相不表示什么都没有，空要从"有"去发现它本质、本体的究竟。

明珠，于佛性而言，指明珠的光泽。但为什么以明珠的光泽形容智慧？如果没有光，人就看不见，将陷于无明、迷惑、烦恼之中；光泽显现了，才明明了了、清清楚楚，觉悟之性由此显现，而佛性也就是觉悟之性。

欲明心见性，须从自我着手，首先要做到冷静、客观。如果过于理智，不妨增加些感性，太过感性，就增加些理性，但不是像世俗所说的，在感性、理性中间找个平衡点。天底下没有这样的道理，感性、理性之间像跷跷板，其间不可能有平衡点，即使是跷跷板的中间，也不过是个立足点而已。

人往往在某种环境下偏于感性或理性，因此佛法提醒人在这时刻好好地调适自己、调整偏执，这就是修行。每一个人的"我"必然要与现实世界的人或事打交道，难免会发生一连串的问题，有好的也有不好的，所以要调适"我"。

欲明心见性，须修心养性。依以上所谈的方法去实践，不论是波罗蜜法或戒、定、慧或五戒，用这些方法都可以修行，但不能就此当作法门来修。数百年来，佛门中一直有个"某某大德一辈子就修一部《金刚经》或其他某部经典"的强调之说，似乎抓住了一部经典，终日诵念、读想、思考，以至于注解，就是修行的法门了。其实，所谓的法门，先要从它的意义上了解："门"是个障碍，想要打开它，看见里面的真实面目，一定要有方法，这些方法就是佛法平时提到的一些重点，慢慢地学习它，自然可以愈来愈熟习运用，不过，要从身、口、意着手，才能形成修养。

即使是个保险柜的号码锁，都有它左转几圈、右转几圈的方法，方法就是知识、经验，靠平常慢慢累积，不只有经典上说的才是。

世间的知识、经验，或佛陀说的、经典里记载的知识、经验，都只是"智"而已，善用并使之发挥成为力量，达到利益性的结果，从而显现的"慧"才是佛法。所谓离苦得乐，不是逃避苦、害怕苦、拒绝苦，真正的解决之道是面对苦，最后能不以为苦，并化解苦。就像家庭派对或机关团体开舞会：事前的准备，兴致勃勃；舞会中，得意忘形、乐在其中；舞会结束，乐完了，接着就是苦——短暂的快乐过后，宾客离去，只剩主人慢慢地处理善后。

不错，它的过程是十足的乐，但整体来说却"苦多于乐"。乐，很快就过了，剩下的是更多的苦。事后如果听到参加的人说："哎，这舞会什么都好，就是某些地方不理想……"听到这样的话，心更苦了，你的心也跟着抱怨起来："我费了那么多的心思，还招惹了这样的结果，真不划算！"可是，人生本来就是如此！

人生的生老病死，"生"是一个漫长的过程。从诞生开始一直到死亡以前，接触到的一切都是"生"的问题，过程中少不了"病"与"老"，种种现象都是苦。难道人生没有乐吗？的确，人生不是完全没有乐，却是短暂、非永恒的"世间之乐"，而佛法谈的乐是永恒常性的"常乐"。

或许会有人问，如何才能保持处于"没有苦，只有乐"的状态？佛法不是给个方法，你照着去做，就解决问题了。佛教是提出道理、方法为问题做分析，然后化解一连串的问题。如果不能把握这个重点，可能一辈子到处寻找法门、勤修法门，却是不务正业。

在家学佛者如果不能对自己的事业、工作，应尽的责任、义务，以及权利清清楚楚，生活将大打折扣。所以有的人将多半的时间投注在法门修学上，念佛修净土、习禅学禅定，或行修密法，精进有余，可惜还是个不务正业，因为他忘了应在身、口、意上自我修养。即使在身、口、意上面下了功夫，可是周遭的人感受如何？如果自认为这么做对自己有帮助，对身边的人有没有帮助？

世上有很多夫妻是一个学佛，另一个不学佛。学佛的常说佛法有多好多好，可是另一半会说："佛法好在哪里？既然学佛这么好，为什么你的脾气还是那么坏？习惯还是那么糟？"可见，修行是修正身、口、意的行为，使"不好的"愈来愈少，使身边的人感受到自己因学佛而变得愈来愈好，这才是真正地好！所以，与其刻意地在言语上告诉他人佛法有多好，倒不如从佛法上老老实实地行修，表现智慧和修养，否则即使说得再多，一再强调佛法好，结果所表现的是一大堆问题，这也难怪周遭不学佛的人说："看你学佛学成这个样子，等于没有用。"

开发自我，不是自认为好就好了。能使身边的亲朋、同事、同学感觉你愈来愈好，进一步还想知道，你在哪里学佛，学些什么，怎么会变得愈来愈好，甚至主动想找你学佛，这才是以修养影响了别人，这比口沫横飞地说一大堆管用。这种修养从何而来呢？从修行上逐渐累积而来！别以为这么说好像是为了表现给别人看，装模作样是一时的，只能维持很短的时间，真正的修养可以随时随处表现无碍，即使在人事共处上遭遇考验，也都能表现出智慧。真正的修养不是靠夸张、吹牛的。习此我曾说世界上有几件事永远骗不了人：一是财富，二是修养，三是智慧。这三者，骗得了自己，骗不了别人。

不过，话再说回来，我从不戳穿吹牛皮的人，因为吹牛说出的话如果能够长久地维持，也是一件了不起的事。如果一个人说他"有钱"，他能不能做到经常维持"有钱"，甚至愈来愈有钱？有的人没有过出国的经验，听别人谈异国见闻也凭着平常从媒体或书本中得来的一知半解和别人聊得天花乱坠，甚至吹起牛来，说："这个世界我早就走遍了！"其实那个地方他从没有去过，他不过是看了介绍当地的节目，或读过这一类的书。

记得有一次我在谈话中提到自己早期曾到美国黄石公园游了七天还没有玩遍，对方由于不曾去过美国，不了解黄石公园的情况，所以只听到"公园"两个字，就以一般公园的大小做揣测，马上说："这表示你没去过美国，哪有黄石公园玩七天还玩不遍的？"事实上，不论是哪一个国家的公园，随便提出一个来，都没办法拿自家后花园或前庭院子的范围与之相比拟，更何况是所谓的国家公园！这刚好也说明了他自身不具备这些知识、经验。

知识、经验须从修行中完成修养，才能成为智慧，否则将是佛法中所谓的"所知障"，而"所知"之所以成为障碍，就是因为"所知"不完整，所以学佛行修要求解行并重。

"解"就是知见，指知识、经验；"行"是将知识、经验付诸实行，于现实生活中认识、了解、体会、发现。可是，谁去认识、了解？是谁要体会、发现？当然是学佛者的那个"我"！所以说学佛修行永远是自己的事。但有的人尽要求别人是佛菩萨，自己却不在乎，当个众生。他们对别人要求苛刻，挑剔别人："你是个学佛的人还这样子，你看你这个出家人一点修养都没有。"但他却不以同样的标准要求自己，宁愿停留原地当个众生。

学佛是为自己，可是人都难免犯这种毛病，所以佛教才提醒人要"返照"——要学佛的人在看见别人缺点的时刻，反过来照见自己。有时候一件事处理得不理想，旁人会批评主事者笨，可是如果让这个批评别人笨的旁观者处理，结果又如何？说不定更糟糕，说不定他自己比别人更笨。学佛是为了自己，待自己具备了修养，则可以依这份修养适时地帮助别人。所以，先要从自己的身、口、意着手，慢慢调理以成为修养。

所谓言教不如身教。平常不一定要用言语去对别人说些什么，身体的行为完全可以影响他人。当然，除此若还能加上言语，表现会更好，但是否真能更好，关键在于内心的意念。意念不经调理，身、口必然随之起变化、生作用。意念调理得愈好，身、口的表现才愈理想。

意念，从每一个人的"我"，也就是所谓的"心"而来，心是主宰。主宰者是否能达到"好"，关系到平时从知识、经验中的了解体会，是否从中发现了自己，认识了自己？这就是学佛修行。有了修行、具备了修养，才可以肯定是在"办道"。修行的目的，在于成就觉悟之道，而人之所以造业，是因为自身所具备的知识、经验不够，依自我意识我行我素，不调理

自己、改变自己，使自己愈来愈好。又由于将自己的
"我"放在别人身上，所以经常衍生问题。因此，如
果平常遇到了一些看起来不是自己造成的问题，却夹
在中间蒙受伤害时，不要埋怨，还是要多想想：是不
是已经做得很好了，是不是还有缺点？能够这么时时
要求自己趋向完美，自然可以慢慢变得有修养、有智
慧。相反，如果没有这些功夫，就不可能达到完美，
这也是种什么因、得什么果的必然现象。

　　只谈因果报应，让人担心、害怕、恐惧，感觉日
子愈来愈不好过。所以知道了这些道理以后就该时时
警惕自己：要种"好"的"因"，以期盼将来得到"好"
的"果"。人的世界有太多的约束，犹如大大小小的
框框将自己框在里面不得自在。而学佛就是希望将这
些条条框框逐一解脱，所以千万不要搞错了学佛的方
向——在行向解脱之余又找个法门、设个框框，将自
己框起来。我常说：学佛如果愈学愈平静、安详、快
乐，就表示学对了。如果未学佛以前本来很好，学了
佛反而不自在，表示学错了方向。

　　之所以要开拓自我，是为了要开发自己的潜力。

潜力的获得，有道理、方法，但不能搞错方向。学佛者要特别注意，学佛是修养自己，不是修理别人。有些人稍懂一些佛法，就拿佛法挑剔别人，其实真正有修养的人看见别人的缺点时，一定会反过来看看自己是否也有相同的缺点，绝不是希望别人当佛菩萨，自己永远当众生。

所谓"心"为主宰，也就是"我"在主宰。因此一切的行为，好的是自己，不好的还是自己，所以说造作是一种行为，可以成业，也可以修行成道。即使是"道"，仍不离于行为。既然如此，同样是行为，为什么要造业，而不行道呢？现实生活中，一切关系人与事者，无论是事业、工作，还是各阶层的环境，处处可以修养"我"、发现"我"，处处有佛法。一旦发现了法在哪里，"我"就有调适的机会。

所谓的觉悟，不是心灰意懒，不是像有的人那样自以为看透了，别人问他为什么学佛时，他回答："唉，这个世间我已经看透了。"他真的看透了吗？世间是看不透的！举个简单的例子来说，有很多佛像制造得都不错，十分庄严，令人见了心生欢喜，可是我们未必看透了什么，反倒是制造佛像的人是否具备佛教正信的观念才是关键，否则有的制造佛像的人在佛像后面挖个洞，放进蝎子、野蜂、蜈蚣之类的五毒，再封起来，表面上如何看得透？看透的，只是表面上的金身，其实内里一塌糊涂，怎么也洞悉不了。不过，也有荒谬的供奉者主动要求放进这些东西，认为如此才有灵感。佛家讲求清净，放进了这些东西，岂不是希望招致凶恶、狠毒？所以说，要看透实在很难。

又有的人，拥有一口整齐洁白的牙齿，可那却是假牙。所以说人不可能事事看得透，何况人生中的"财、色、名、食、睡"？五欲不是看不看得透的问题，而是能不能做到不贪的问题。于欲，能不贪就很不错了。学佛须懂得：如何把握由贪欲而少欲，然后清净欲。这就是修行。

修行，绝不可能一下子就看透了，即使只是寻常的三餐，我们看到某一道菜似乎很好吃都不免要多夹几次菜，这也是贪的现象，只求自己的喜欢与满足就是贪。自己喜欢的，难道别人不喜欢吗？如果自己喜欢、别人也喜欢，却不在乎别人，终将造成伤害。所以我一再提醒，学佛的大前提在于不要伤害别人，自己也不要受到伤害。最后要送给大家两句话：不妨从现实生活中去实践——自己活得快乐一点，但也不要让别人不快乐。

1991 年 11 月 28 日

新加坡演讲

修行是一辈子的事。

| 自清凉而无碍 |

　　这是^上白^下云老禅师投身弘法工作数十载以来的第一本演讲集。内容多收集自老禅师于 1991 至 2003 年间应海内外各地信众邀请而广开法筵的精辟演讲。

　　我们不敢说这本演讲集是如何掷地有声，但我们绝对可以肯定：以它的法要而言，将是近代佛教史上一本不一样的演讲集。

　　一般读者在阅读此书时，尤其是对久已熟悉日下所盛行流通的诸多佛教名相的学佛行者而言，或许会惊讶于书中若干的阐述方式。本书虽以介绍"佛法"为主，但却摆脱了所谓"教"的痕迹，在"诸恶莫作、众善奉行"之外，另辟一道新路——如何从现实"人我"

纠葛的藤蔓中走出一条通往智慧与觉悟的路，走出清
凉自在。这也是本书孕育而生的缘由。

白云老禅师说过："如果佛法不能运用在现实生
活中，则毫无价值可言，也就是于众生没有饶益性。"
老禅师深知佛法不该只是囹圄在自筑的藏经阁楼之
内，也不应是一堆佛教名相的堆砌，更不是在佛表面
的定义上断章取义，而是能够融通、运用在实际生活
里，能真真实实地替我们消除烦恼、化解问题；绝不
是以"出世"作为逃避的借口，而应让我们勇敢地承
担生命中的聚情与离愁，面对生活中的一切忧喜悲苦。
以饥饿为喻，佛法应该是帮助人学得谋生之法，而非
只是一块止饥之饼。

这本演讲集里，看不到艰深的佛教名词，也看不
到字句上精雕细琢的痕迹，白云老禅师只是很平实、
自然地在说话，在说话中传递他人生九十载的观察与
体验心得。他用最简单的陈述，打破一般思维习惯的
条条框框，乍看似与所谓的"佛法"无关，却是一位
曾经"一钵千家饭，孤身万里游"的禅行者，在八十
多年的出家岁月里，日夜咀嚼如来法义从而与之融为

一体后的恳切心要。

当然，这本演讲集摘录的内容非常之广，有深度的思考，亦有浅白的譬喻，尤以禅法方面的见解见长，对于部分不惯于动脑"闻、思、修"的读者而言，会是一大挑战。对于从未接触过白云老禅师法要的人来说，此书将为您的心灵开启一扇全新的视窗。

目前白云老禅师年事已高，不便辗转南北奔波演讲，是故这本演讲集弥足珍贵。在此要向读者们致歉的是，本书在汇集整理上恐有疏漏不尽，这也是我们自觉美中不足之处。另若读者从头至尾阅读一遍，会发现有几处演讲内容稍有重复，这是由于白云老禅师在分布于不同时空的演讲中，为使听闻者在短时间内将其思想精华完全领会，以让大众全面吸收为目的，不免苦口婆心、譬喻再三，乃言者谆谆之悲心恳切。所谓温故知新，读者可将之视为于生活中实践佛法的精神指标。

任岁序流转，而法法相传已然千万年无尽之意，在此对致力于流布本书的朋友致上最深的谢意！

2004 年编者谨识